씬 짜오, 베트남

씬 짜오, 베트남

똔 반 안, 모니카 우트닉-스트루가와 글
안나 카지미에라크 그림
김영화 옮김

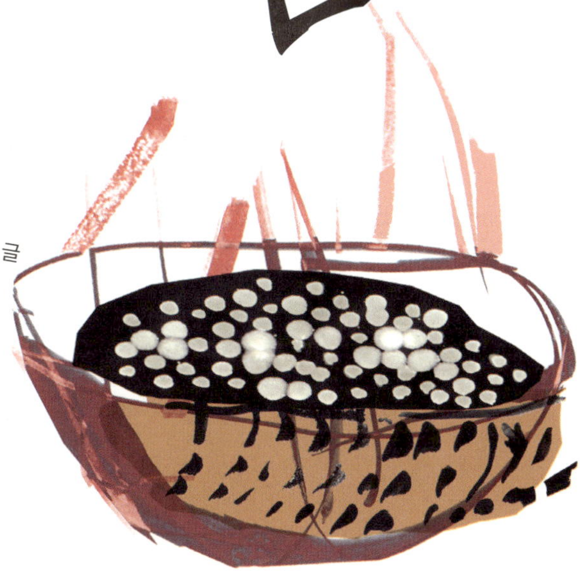

호기심 많은 아이를 위한 문화 여행

풀빛

옛날 아주 먼 옛날, 넓은 바다 위로 펼쳐진 이름 없는 산을 바람만이 방문하고, 아직 산 아래 광활한 땅에서는 아무도 농사를 짓지 않았을 때, 바다에서 용이 올라왔어요. 날카로운 발톱과 사자 갈기를 가진 거대한 도마뱀 같은 모습이었지요. 용은 **락 롱 꾸언**이라는 이름의 잘생긴 왕자로 변신했어요. 그의 이름은 용이 보낸 사람이라는 뜻이었는데, 마치 누군가를 찾는 것처럼 불안하게 세상을 돌아다녔어요.

그리고 신비로운 구름과 안개 속에서는 빼어난 매력을 지닌 **어우 꺼**가 모습을 드러냈어요. 전설마다 어우 꺼의 정체가 달라요. 어우 꺼가 여자였다고 하고, 새나 산의 전령이었다고도 해요. 하나단 한 가지는 분명했어요. 굉장히 아름다워서, 태양은 더 환하게 빛나기 시작했고, 산에서는 생명 샘이 솟아날 정도였어요.

서로 사랑에 빠진 락 롱 꾸언과 어우 꺼는 자신들이 태어난 나라에 대해 알고 싶었어요. 그래서 그들은 아무도 지나간 적이 없는 산과 깊은 바다를 거쳐 길을 떠났고, 위험한 태풍과 거센 폭우에 맞섰어요. 그들의 여정이 마침내 끝에 다다랐을 때, 어우 꺼는 아주 커다란 알을 낳았어요. 그 알이 쪼개지자, 안에서는 100개의 작은 알들이 나왔어요. 그중 절반에서는 여자아이들이 나왔고, 나머지 절반에서는 남자아이들이 나왔어요. 아이들 모두 외모가 뛰어났고, 범상치 않은 능력을 타고났어요.

락 롱 꾸언과 어우 꺼는 자연을 길들이고, 그들 땅을 후손들에게 물려줄 좋은 삶의 터전으로 만들려면 할 일이 많다는 것을 알고 있었어요. 그래서 그들은 헤어지기로 했어요. 아이들 절반은 어머니가 산으로 데려가고, 나머지 절반은 아버지와 함께 땅과 거칠고 매서운 바람이 부는 바다로 향했어요. 어우 꺼는 아이들에게 벼농사 짓는 방법, 요리하는 법, 누에를 치는 방법과 옷을 짓는 방법을 가르쳤어요. 락 롱 꾸언은 아이들에게 바다 괴물과 어떻게 싸우고, 힘든 상황에서도 어떻게 견뎌 내는지를 보여 주었어요. 얼마 지나지 않아 그들이 사는 땅은 아름답고도 안전하며 풍요로운 나라가 되었습니다.

락 롱 꾸언이 죽을 때, 그는 왕권을 자기 아들인 홍에게 넘겨주었어요. 전설에 따르면 홍은 용의 왕조를 건국했고, 그 나라가 바로 열여덟 명의 왕이 나온 베트남 최초의 국가인 반랑이에요. 약 4천 년 전의 일이에요.

1.  **하노이** – 현재 베트남 수도예요.

2.  **호안 끼엠** – 하노이에 있는 호수. 전설에 따르면 이곳에 살던 거북이가 약 600년 전에 중국의 침략으로부터 베트남을 지켜 냈어요.(144쪽을 보세요.)

3.  **탕 롱 수상 인형 극장** – 베트남에서 가장 유명한 극장으로 물 위에서 공연이 펼쳐져요.(140쪽을 보세요.)

4.  **하 롱 베이** – 그림처럼 아름다운 풍경이 펼쳐지는 만으로, 수천 개에 가까운 섬이 바다 위로 솟아 있어 장관을 이루는 곳이에요. (72쪽을 보세요.)

5.  **사 파** – 많은 관광객이 방문하는 베트남 북부의 작은 도시예요. 산비탈을 따라 층층이 만들어진 다랑논의 아름다운 풍경으로 유명해요.

6.  **탁 박** – '실버 폭포'라고도 하며 사 파 주변에서 가장 매력 있는 관광 명소 중 하나예요.

7.  **대오 짬 똔** – 천국의 문이라고 불리는 고개로 베트남에서 가장 높은 해발 고도 약 2,000미터 고지에 있어요.

8.  **판 시 판** – 베트남과 인도차이나반도 전체에서 가장 높은 산이에요.(해발 고도 3,143미터.)

9. 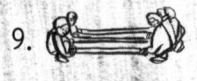 **떠이 박** – 베트남 서북부 지방으로, 대나무 춤이 유명해요. (112쪽을 보세요.)

10.  **선 도옹** – 세계에서 가장 큰 동굴이에요.(129쪽을 보세요.)

11.  **후에** – 베트남 왕국의 옛 수도예요.(149쪽을 보세요.)

12.  **카우 방** – 골든 브리지라고도 불려요. 사람이 건널 수 있는 150미터 길이의 인도교이고, 두 개의 거대한 콘크리트 손이 다리를 떠받치고 있어요. (154쪽을 보세요.)

13.  **미 선** – 폴란드 건축가이자 문화재 복원가인 카지미에시 크비아트코프스키가 복원한, 힌두교 사원이 있는 유적지예요.

14.  **선 짜** – 이 반도에는 장기판 정상이라는 의미의 딘 반 꺼가 있어요. 옛날에 신선들이 이곳에서 장기를 두었다는 전설이 있어요. (124쪽을 보세요.)

15. **다낭 해수 관음상** – 베트남에서 가장 큰 해수 관음상이에요. (관음에 대해서는 154쪽을 보세요.)

16.  **먼 타이** – 바구니 배로 유명한 어촌이에요. (80쪽을 보세요.)

17. **오행산** – 석회암과 대리석으로 만들어진 언덕이에요. 이곳의 내부에는 오래된 사원이 있고…… 지옥도 있어요. (124쪽을 보세요.)

18. **사이공** – 현재 이름은 호찌민이에요. 오랜 기간 프랑스가 점령했던 시절의 중심지였으며, 이후에 베트남 공화국 수도가 되었고, 현재는 베트남에서 가장 큰 도시예요. (47쪽을 보세요.)

19. **동 탑** – 베트남 남쪽 지방으로 여기에서 후추가 자라요. (136쪽을 보세요.)

20. **끄우 롱** – 베트남을 통과하는 메콩강의 일부분이에요. 메콩강은 인도차이나반도에서 가장 긴 강이에요. (4,500킬로미터, 76쪽과 80쪽을 보세요.) 정확히는 메콩강에서 갈라지는 아홉 개의 지류를 의미해요.

21. **푸 꾸옥** – 세계에서 가장 훌륭한 액젓을 생산하는 섬이에요. (132쪽을 보세요.)

베트남은 지형이 독특해요. 길이는 1,600킬로미터 정도로 길지만, 폭은 매우 좁아요. 남북으로는 길지만 동서로는 폭이 50킬로미터밖에 안 되는 곳도 있어요. 마치 허리를 잘록하게 졸라맨 모습 같기도 해요. 베트남이 어떻게 생겼는지 상상이 되나요?

알파벳 S가 떠오르는 사람들도 있을 테고, **하노이**의 위치를 눈이라고 생각하면 용의 형상이 연상되는 사람들도 있을 거예요. 베트남에서는 **돈 가잉**이라고 부르는, 두 개의 바구니를 대나무 막대기로 연결한 지게와 가장 자주 빗대어 얘기해요. 옛날부터 베트남 농부들이 쌀을 담아

나르는 지게지요. 두 바구니는 베트남에서 가장 부유한 지역이며 베트남에서 가장 중요한 도시인 하노이와 오늘날 **호찌민**이라고 부르는 사이공을 가리켜요.

왜 그렇냐고요? 이곳에는 베트남에서 가장 큰 두 강의 삼각주(델타)가 있어요. 베트남인들은 남쪽 메콩강을 **끄우 롱 강**이라고 부르고, 북쪽 메콩강을 **홍강**이라 불러요. 삼각주는 물줄기가 복잡하게 얽힌 미로 같아요. 삼각주는 강줄기가 바다로 유입되는 강의 하구에서 만들어져요. 베트남의 강은 남중국해로 빠져 나가요. 베트남인들은 남중국해를 비엔동, 즉 동쪽 바다라고

불러요. 홍강 삼각주와 메콩 삼각주는 흔히 베트남의 곡식 창고라고 해요. 오래전부터 이곳에서 베트남인들의 식량을 공급하고 있거든요. 대부분 베트남인이 바로 여기에 살고 있고, 산에는 거의 사람이 살지 않아요.

베트남은 인도차이나반도에 위치하고 있어요. 면적이 우리나라보다 세 배 정도 더 커요. 베트남 영토에는 거의 3천 개에 달하는 크고 작은 부속 섬이 포함되어 있어요. **중국**과 접하고 있는 북쪽 국경에는 중국에서 발원한 웅장한 규모의 **반족** 폭포가 있고, 서쪽은 **라오스, 캄보디아**와 국경을 접하고 있어요. 그리고 동쪽으로는 **남중국해**와 맞닿아 있어요. 베트남 해안선 길이는 거의 3,500킬로미터에 달해요!
베트남은 대부분 아열대 기후에 속해요. 매우 덥고 습하다는 의미예요. 4월부터 11월까지 **우기**가 이어지는데, 그때는 깜짝 놀랄 만큼 엄청난 폭우가 쏟아져요. 며칠 동안 쉴 틈 없이

비가 쏟아붓고, 기온은 30도까지 올라가요. **건기**는 11월 말에 시작되어 3월까지 계속돼요. 습도는 점차 낮아지고, 기온은 20도 밑으로 떨어져요. 바로 이때가 베트남으로 떠나기에 가장 좋은 시기예요.

베트남의 도시는 현기증이 날 만큼 시끄럽고 붐벼요. 베트남의 진정한 매력은 시골 풍경과 자연 그대로의 산, 에메랄드빛 호수, 높은 곳에서 떨어지는 폭포, 한 편의 그림과도 같은 논의 풍경이에요. 베트남을 좀 더 가까이에서 알고 싶나요? 사이공이나 하노이에 도착하면, 여러분들은 유로화나 달러를 베트남 통화인 **동**으로 바꾸어야 해요. 자, 이제 떠나 봅시다!

수천 년간 베트남 영토였지만 지금은 여러 나라와 분쟁을 벌이는 지역이 있어요. 바로 베트남어로는 쯔엉 사라고 하는, 남중국해에 있는 스프래틀리 군도와 베트남어로 호앙 사라고 하는 파라셀 군도예요. 파라셀 군도는 베트남 전쟁 때부터 지금까지 중국이 점거하고 있어요. 대만도 이곳이 자기 땅이라고 주장해요. 스프래틀리 군도는 베트남, 중국, 대만, 필리핀, 말레이시아, 브루나이까지 무려 여섯 개 나라가 다툼을 벌이고 있어요. 베트남인들의 불만과 분노에도 불구하고 중국은 최근 두 곳에 거대한 항공 기지를 건설했어요.

혼돈의 도가니

18

여러분이 사는 곳이 아닌 다른 도시에 갔다고 생각해 보세요. 사람들이 여러분은 이해할 수 없는 말로 이야기를 하고, 옷도 다르게 입고, 풍습도 달라서, 마치 다른 나라에 간 듯한 느낌이 든다면 어떨까요? 이상하겠죠?

그런데 베트남에서는 별로 이상한 일이 아니에요. 베트남인들은 자신이 사는 곳이 아닌 다른 지역에 가면 그 지역 사람들 말을 알아듣기 어려울 때가 있어요. 왜 그럴까요? 왜냐하면 베트남에는 무려 54개의 민족이 살고 있기 때문이에요. 다른 민족이라는 건 서로 출신이 다르고, 전통이 다르며, 심지어 언어도 다르다는 뜻이에요.

그중 **비엣족**이 가장 많아요. 베트남어로 비엣족 혹은 낀족이라고 부르는데 주로 베트남 북부 평원과 홍강 삼각주 지역에 거주하고

있어요. 또한 많은 수를 차지하는 **타이족**은 사람뿐만 아니라 동물, 식물, 사물도 영혼을 가지고 있다고 믿어요. 메콩 삼각주 지역에는 캄보디아에서 온 사람들이 주로 살고 있는데, 바로 강직함과 끈기로 유명한 **크메르족**이에요. 그리고 대도시에는 중국 출신의 **호아족**이 많이 살고 있어요.

민족마다 인구수가 천차만별이에요. 적게는 몇 십 명에서 많게는 몇만 명까지 이루고 있어요. 소수 민족 중에는 인도계 **짬족**이 있어요. 과거에는 베트남 영토에서 강력한 왕국을 가지고 있었지만, 지금은 17만 명이 조금 넘는 인구가 소수 민족으로 살고 있어요. 남자들은 헐렁한 튜닉 같은 옷을 입고, 흰색 터번으로 머리를 감추는 사람이 많아요. 여자들은 띠를 두른 모습을 많이 볼 수 있어요.

베트남이라는 국명(베트남어로는 비엣남)은 비엣이라는 단어에서 왔어요. **비엣** 왕국이 독립 국가였을 때는 다이 비엣, 즉 대(大) 비엣 왕국으로 불렀어요. 이후 중국의 지배를 받으면서 이름이 비엣남으로 바뀌었는데, 남쪽의 비엣 (짐작해 보면 중국의 남쪽이라는 의미)이라는 뜻이지요. 그러나 베트남인들은 국명의 어원이나 의미를 상기하는 것을 좋아하지 않아요. 자신들 나라가 다른 나라 기준으로 이름이 정해졌다는 사실이 썩 기분 좋은 일은 아니니까요.

소수 민족은 복장과 언어만 다른 것이 아니고, 종교도 달라요. 베트남에서는 불교를 가장 많이 믿어요. **불교**는 고통에서 해방되어 가장 높은 지혜를 얻는 법을 가르쳐요. 많은 베트남인이 믿는 민간 신앙은 어떻게 지식과 현명함을 얻을 수 있는지 길을 제시해 주는 **도교**와 **유교**를 바탕으로 해요. 유교에 따르면 내가 누구인지 받아들이고 가진 것보다 더 많은 것을 탐하지 않으며, 가까이에 있는 사람들을 사랑하고, 규율을 지켜야 한다고 해요. 가톨릭 신자나 개신교 신자도 있어요.

베트남은 말 그대로 다양한 민족과 문화와 섞인 땅이에요! 이렇게 다민족이 살고 있는 나라에서는 다른 믿음과 풍습에 대한 관용과 존중이 특히나 중요해요. 그러나 베트남에서는 쉽지 않아요. 베트남은 공산주의 정권이 통치하는 곳이라 온전한 자유를 누리기(158쪽과 164쪽을 보세요.) 힘드니까요. 베트남의 소수 민족은 풍습과 종교 성지를 온전히 존중받지는 못하고 있어요.

여성들에게 가장 인기가 많은 옷은 **아오 자이**로, 긴 원피스라는 뜻이에요. 아오자이는 무릎이나 발끝까지 내려오는 원피스로, 허리 옆선을 따라 아랫부분이 트여 있고 속에는 바지를 입어요. 아오자이는 다양한 무늬가 있는 것도 있고, 하얀색도 있으며(교복처럼 입는 학교도 있어요.), 예식용으로는 빨간색이나 분홍색 아오자이를 입어요.

어떤 톤으로?

24

솔직히 말해 볼까요. 분명 여러분도 누군가에게 지나치게 예의 없는 톤으로 대답한 적이 있었을 거예요. 지겨워하는 톤, 짜증 내는 톤, 조급해하는 톤 등으로 상대방에게 실례했을지도 몰라요. 베트남에서는 목소리의 톤이 다른 나라에서보다 훨씬 더 중요한 문제가 될 수도 있어요. 왜냐하면 베트남어는 톤에 따라 의미가 결정되거든요!

베트남어 단어는 소리의 톤이 다양해요. 소리가 점점 올라갈 수도 있고, 내려갈 수도 있으며, 가끔은 오르락내리락 파도를 타거나 갑자기 끊어질 수도 있어요. 그래서 베트남어를 성조어라고 해요. 베트남어에는 **여섯 가지 성조**가 있어요. 성조는 문자에 점, 물결 기호, 꼬리, 짧은 빗금 같은 기호를 써서 나타내요.

실제로는 어떤지 알아볼까요? a라는 문자의 소리를 예로 들어

볼게요. 하나의 문자로 여섯 가지 다른 소리를 낼 수 있어요.

a – 높은음.
à – 길게 소리 내다가 아래로 내려감.
á – 길게 소리 내면서 음이 점점 올라감.
å – 높은음에서 시작해서 갑자기 끊어짐.
ã – 높은음으로 시작해서 끝나고, 중간에 파도처럼 꺾임이 있음.
ạ – 갑자기 끊어지는 낮은음.

a가 들어가는 단어의 뜻은 a를 어떻게 소리 내는지에 따라 달라져요.

la - 소리치다.
là - ~이다.
lá - 잎
lả - 지친
lã - 맑은
lạ - 다른, 낯선

그러나 여러분이 만일 베트남어의 성조를 배우고 발음할 줄 알게 된다면, 그다음에는 순조로울 거예요. 규칙과 예외로 가득한, 복잡한 문법 규칙이 없으니까요.

베트남어는 NASA가 언젠가 누군가 들어주길 바라는 마음으로 녹음해서 우주로 보낸 55개의 언어에 포함되어 있어요. 외계의 지적 능력을 갖춘 생명체에게는 전혀 어렵지 않은 언어일 수도 있지 않겠어요?

베트남어는 "담요/(소유)/엄마", "담요/가져가다/엄마", "보다/엄마" 이런 식으로 표현해요. 그렇다면 무엇이 누구 것인지, 누가 무엇을 누구에게 가져다주고 누가 누구를 보는지 어떻게 알 수가 있을까요? 그저 문장에선 단어의 위치가 어디에 오는지만 보면 돼요. 또한 베트남어에는 과거형이나 미래형도 없어요. 대신 "우리는 아침밥을 먹었다."를 "우리/먹다/아침/이미"라고 말해요.

베트남어는 영어를 공부한 사람이면 쓰기도 쉬워요. 왜냐하면 베트남인들은 라틴 문자에 기초한 알파벳을 쓰기 때문이에요. 하지만 옛날부터 그랬던 것은 아니에요. 현대 베트남어 표기는 17세기에 프랑스 선교사인 알렉상드르 드 로드가 만들었어요. 이전에는 베트남어도 중국식 한자에 기초해서 표기했지요. 지금은 몇몇 역사학자나 서예가만 옛날 표기를 알고 있어요.

베트남어 표기와 발음

쓸 때	읽을 때
c	ㄲ
d	ㅈ(혀 끝에 마찰을 일으켜 발음)
đ	ㅈ(성대에 힘을 주어 발음)
ch	ㅉ
gh	ㄱ
gi	지(혀 끝에 마찰을 일으켜 발음)
kh	ㅋ(성대에 힘을 주어 발음)
nh	니
ng	응
ngh	응
ph	ㅍ(f)
q	ㄲ
r	ㅈ(혀 끝에 마찰을 일으켜 발음)
th	ㅌ
tr	ㅉ
v	ㅂ(v)
x	ㅆ
y	이(장모음)

가족 같은 사이

30 베트남어를 조금 아는 상태에서 베트남의 수도인 하노이에 갔다가 길을 잃었다고 가정해 봐요. 지나가는 사람에게 길을 물으면 그 사람은 이렇게 대답할 거예요. "동생아, 우회전한 다음 좌회전 하면 돼." 왜 이렇게 말할까요? 진짜 형제자매도 아닌데 말이에요!

별것 아니랍니다. 베트남인들은 모두가 용과 선녀의(5쪽을 보세요.) 후손으로, 하나의 대가족이라고 생각해요. 그래서 서로 친척처럼 대해요. 상대방을 존중하고, 호의적인 마음을 드러내는 거지요. 그래서 상점에서 중년의 여성 판매 직원을 '이모'라고 불러요. "이모, 이거 얼마예요?"처럼요. 나이가 지긋한 어른이 길을 건너는 것을 도와줄 때도 전혀 모르는 사이지만 '할머니' 혹은 '할아버지'라고 불러요. 이러한 관습 덕분에 사람들이 서로 친근함을 느낄 수 있고, 서로 무관심한 대상이 아님을 느끼게 해 주어요. 자매나 형제

혹은 이모라면 좀 더 편하게 도울 수 있고, 해를 끼치기가 어려울 테니까요.

'나'라는 단어는 베트남어로 **또이**라고 하는데, 베트남에서는 오직 공적인 상황에서만 사용해요. 예를 들어 신문이나 비즈니스 회의, 혹은 대학교 강의나 베트남어를 모르는 외국인과 대화할 때나 사용하지요. 절대 일상에선 쓰지 않아요. 만일 가까운 사람들이 서로에게 '나'와 '너'라고 말하는 것을 듣게 된다면, 엄청나게 싸우는 중일 거예요!

'너'라는 대명사도 마찬가지로 말다툼을 알리는 신호예요. 그래서 베트남인이 자기에 대해서 말할 때는 마치 다른 사람에 대해 이야기하는 것처럼 들려요. 베트남 어린이들은 "엄마, 제가 엄마 책을 빌려도 될까요?"라고 묻지 않고, "엄마, 아이가 엄마 책을 빌려도 될까요?"라고 해요. 그러면 엄마는 이렇게 대답하지요. "응, 아이는 엄마 책을 빌릴 수 있어." 그리고 아빠에게 전화하면, 이렇게 말하겠지요. "안녕, 아빠, 아이가 할 말 있어요."라고요. 만일 외동이 아닐 경우에는 이름을 덧붙여요.

천상의 꽃과 검정콩

혹시 베트남 가정집에 갔을 때, 잘생긴 남자와 국화가 여러분을 반기고, 용맹한 용과 야리야리한 꽃이 함께 놀자고 하더라도 놀라지 마세요. 동화 속 인물들이냐고요? 아니에요. 평범한 베트남인들 이름이에요.

베트남에서 이름은 부모의 바람이 나타나 있어요. 바라는 바는 끝도 없죠. 하지만 성급하게 결정 내리지는 않아요. 이름은 아이 성격을 드러내거나 어떤 어른이 돼야 할지를 알려 줄 수 있어야 해서 부모는 오랫동안 고심해요.

남자아이 이름으로는, 용감하다 – **Hùng** [훙], 착실하다 – **Dũng** [중], 남자답다 – **Nam** [남], 준수하다 – **Tuấn** [뚜언] 같은 게 있어요. 이렇게도 지을 수 있어요. 용 – **Long** [롱], 착실한 용 – **Dũng Long** [중 롱], 푸른 용 – **Thanh Long** [탄 롱] 등과 같이요.

여자아이 이름은 꽃 이름으로 지어 주는 경우가 많아요. 백합 – ly [리], 국화–**Cúc** [꾹], 꽃 – **Hoa** [호아]나 천상의 꽃 – **Thanh Hoa** [탄 호아]로 부를 수도 있어요. 구름 –**Vân** [번], 인간의 영혼 – **Nhân Tâm Hôn** [년 떰 혼], 온순함 – **Hiền** [히엔] 이런 이름도 지을 수 있고요. 남자아이나 여자아이에게 모두 어울리는 이름도 있어요. 예를 들어 지혜 – **Minh** [민], 강 – **hà** [하], 바다 – **hải** [하이], 평온한 – **Bình** [빈] 등

베트남인들에게 이름은 굉장히 중요하고 개인적인 것이에요. 그래서 만났을 때 바로 이름을 밝히는 일이 드물어요. 그러니 초면에 바로 이름을 묻지 마세요. 상대방이 당황할 수도 있어요.

책에 모두 나열할 수 없을 정도로 많은 이름이 있어요.

베트남에서는 우리처럼 먼저 성을 말한 뒤에 이름을 말해요. 성은 아버지의 성을 따릅니다. 베트남인들은 서로를 부를 때 이름만 부르는 경우가 많아요.

베트남인 이름은 그가 태어났을 때, 당시 부모의 바람을 말해 주기도 해요. 예를 들어 부모가 아이가 태어남과 동시에 가족의 삶이 나아지길 원했다면, 아기에게 밝은 내일이라는 의미의 **Mai sáng** [마이 상]이라는 이름을 지어 주었을 거예요. 부모가 아이에게 자신들이 만났던 장소 이름도 함께 드러낼 수 있는 이름을 줄 수도 있어요. 베트남의 지명은 두 개의 단어를 합쳐서 만든 경우가 많아서, 두 아이에게 한 단어씩 나누어 주기도 해요. 그래서 만일 누군가 이름이 **Hải**(하이)이고, 그 여동생의 이름이 **Vân**(번)이라면, 그들 부모가 낭만적인 하이 번(**Hải Vân**) 고개에서 만났다는 것을 알 수 있어요.

어릴 때만 잠시 쓰다가 나중에 이름을 바꾸는 경우도 있어요. 어떤 지역에서는 아기의 귀여움을 악한 영혼이 질투해서 아이에게 해를 가할 수도 있다고 생각해 그렇게 하기도 해요. 아기를 두꺼비라는 뜻의 **Cóc** [꺽]이나 까만 콩이라는 뜻의 **Đậu đen** [더우 댄]이라고 부르기도 하는데, 못된 귀신이 아이가 못생겼다고 믿고, 관심을 두지 않기를 바라는 마음이 담겨 있어요. 아기가 성장해서 나쁜 기운에서 벗어날 때가 되면 부모는 아이를 진짜 이름으로 불러 주기 시작해요.

베트남 예절

40

각 나라는 매우 다양한 관습을 지니고 있어요. 세상 어딘가에서는 평범한 행동이 다른 곳에서는 무례하거나 이상한 행동이 되기도 해요. 세계 곳곳의 사람들은 인사하는 방식도 다르고, 식사 예절이나 대화 예절도 달라요. 그럼 베트남에서는 어떻게 해야 예의가 바른 걸까요?

만일 여러분이 사이공이나 하노이에 가면, 손을 잡고 산책하는 여자들이나 버스에서 친구 무릎 위에 앉은 소년을 종종 볼 수 있어요. 그건 우정을 표현하는 평범한 방식이에요. 그렇다고 해서 베트남인들이 모두에게 감정 표현을 잘하는 건 아니에요. 낯선 사람에게 감정을 표현하는 데는 인색한 편이에요. 낯선 사람에게 거리를 둔 채, 접촉을 피하려고 해요. 만일 우연히 머리를 건드렸다면, 베트남인들은 공격당했다고 느낄 거예요. 왜냐하면 머릿속에는 인간의 영혼이 산다고 믿으니까요. 어깨도 치지 마세요.

많은 베트남인은 어깨가 영혼의 수호신이 머무르는 곳이기 때문에 수호신을 놀라게 해선 안 된다고 생각하거든요.

만나서 인사할 때 베트남인들은 우리나라처럼 가볍게 고개를 숙여 인사해요. 요즘 대도시에서는 이렇게 고개 숙이는 전통적인 인사 대신 악수하는 경우가 많아요. 베트남인들은 자제력도 있고, 자신의 감정도 잘 조절하는 편이에요. 몸짓 언어를 많이 사용하고 큰 소리로 이야기를 나누는 경우가 많아요. 식탁에 앉아서도 큰 소리로

토론하곤 하지만 그렇다고 말다툼한다거나, 길거리에서 소동을 벌이는 것은 좋아하지 않아요. 베트남인들은 오해는 조용히 푸는 편이 더 낫다고 생각하기 때문이죠. 양보하려는 성향이 강하고(설사 본인이 옳다고 생각하더라도), 아무에게도 상처 주지 않고, 누구에게나 골고루 관심을 주기 위해 매우 신경 써요. 보통 대화할 때는 존경의 표시로 상대방 눈을 똑바로 쳐다보지 않아요. 그리고 미소를 매우 많이 지어요. 베트남에서는 기쁨과 동의를 나타낼 때뿐만 아니라 곤란함, 오해, 부끄러움, 두려움 등을 나타낼 때도

미소를 짓는다는 것도 기억하세요.
베트남에서는 지켜야 할 식사 예절이 있어요. 중요한 행사나 식사 자리에서(특히 시골에서) 자리에 앉기 전에, 두 손을 맞대거나 고개를 숙여 집 안에 있는 제단에 인사해요. 식사를 시작하기 전에 주인은 "머이"라고 말해요. 우리말로는 '초대합니다.'라는 뜻인데 '맛있게 드세요.' 와 비슷한 의미로 사용해요. 그리고 음식을 먹을 때는 젓가락으로 먹어요. 만일 식사 도중에 잠시 젓가락을 내려놓아야 한다면 자기 그릇 옆에 놓아두되, 절대 밥에 꽂아 두지

않아요. 또한 젓가락을 흔들고 핥거나, 젓가락으로 사물이나 사람을 가리켜서도 안 돼요. 만일 함께 먹는 음식이 담긴 그릇에서 음식을 덜어서 다른 사람에게 얹어 주고 싶다면 젓가락의 방향을 돌려서 입을 대지 않은 다른 쪽 끝으로 음식물을 집어야 해요.

베트남인들은 손님이 있는 데서 식탁을 치우면 예의에 어긋난다고 생각해요. 왜냐하면, 손님 입장에서 집주인이 그들을 이만 내보내려 한다고 생각할 수도 있기 때문이에요. 그래서 식사 뒤에는 다 먹은 접시를 바로 가져가지 않아요. 손님들이 직접 치울 수는 있어요. 하지만 식탁에 빈 접시나 대접, 컵이 쌓여 있다고 해도 아무도 불편해하지 않아요.

베트남 가정에서는 주인이 손님에게 존경심과 진심을 표현하기 위해서, 따로 가장 좋은 음식을 덜어 주어요. 뭔가 다른 음식을 맛보고 싶더라도 참고, 주인이 여러분을 위해 골라 준 음식을 기분 좋게 맛보세요. 그러나 기억해야 할 것이 있어요. 다른 가족들도 손님에게 음식을 골라서 덜어 주고 싶을 거라는 거죠. 그러니까 만일 베트남 가정집에 저녁 식사를 하러 간다면, 아침부터 굶고 가는 게 좋을 거예요!

베트남에서는 남녀가 함께 이동할 때 남자가 앞장서요. 혹시 모를 위험한 상황에 대비하기 위함이에요. 식당이나 가게에 들어갈 때도 낯선 사람이 다가올 때도 마찬가지예요. 안이 안전한지, 다가오는 사람이 수상한 사람은 아닌지 확인하려는 거예요.

아, 사이공!

오늘날 호찌민이라고 부르는 **사이공**은 거대 도시예요. 공식적인 인구는 약 9백만 명으로 서울시 인구와 비슷한 수준이에요. 심한 대기 오염으로 인해 이 도시는 항상 스모그에 덮여 있어요. 그것도 모자라, 해수면과 높이가 같기 때문에 우기가 되면 도시에 물이 넘쳐요. 그럴 때면 어른들은 슬리퍼를 신고서 복숭아뼈까지 물에 잠긴 채 길을 걷고, 아이들은 종이배를 띄우면서 신나게 놀아요.

길거리에는 주로 오토바이, 스쿠터, 자전거가 다녀요. 온갖 것이 다 있지요! 큰 것, 작은 것, 현대식 부품으로 조립한 것, 차고에서 낡은 부품으로 조잡하게 조립한 것까지요. 엮어 만든 바구니, 닭이 들어 있는 닭장, 두루마리 화장지 등 판매하는 제품으로 온통 가득한 차량은 뒤에서 보면 운전자가 아예 보이지 않을 정도예요. 게다가 한 가족이 스쿠터 한 대로 이동하기도 하고, 아이들은 전용 카시트가

아닌 부모 무릎에 앉아서 가기도 해요.

모든 교통수단이 도로에서는 무조건 신호를 지켜야 하는 우리의 관점에서 보면 베트남의 **도로 상황**(베트남의 다른 대도시도 교통 상황은 비슷해요.)은 정말 혼란, 그 자체예요! 다들 마음대로 운전하고, 내키는 대로 길을 건너요. 어떤 규칙도 없고, 그저 먼저 가는 사람이 승자예요. 운전자는 빨간 불이어도 가고, 교차로에서는 양해도 없이 좌회전하는 차량의 행렬을 끊어 버리고, 보행자를 아예 거들떠보지도 않아요. 차들은 보행자가 길을 건너도록 먼저 양보해 주지 않아요. 그러니 기다리지 마세요! 게다가 보행자용 횡단보도 자체가 거의 없어요.

심지어 보도에서도 촉각을 세워야 해요. 왜냐하면 급한 일이 있거나 교통 체증을 피하려고 차들이 보도로 들어오는 일이 잦기 때문이에요. 차나 오토바이 등 교통수단이 보도에 들어와 있다면 그때는 주의를 기울이세요.

1975년, 베트남 민주주의 공화국이 몰락한 뒤, 사이공은 북베트남(158쪽을 보세요.) 공산주의자들의 수장인 호찌민을 기리는 의미로 호찌민이라는 이름을 얻었어요. 그러나 베트남인들은 이 이름을 그다지 좋아하지 않고, 여전히 사이공이라고 불러요.

그러나 운전자들 모두가 운전이 능숙하고, 빠르게 달리지도 않기 때문에 베트남에서는 교통사고가 자주 나지 않아요. 만일 누군가 길을 건너려고 차도에 들어서면 차들은 바로 멈출 거예요. 갑자기 뛰어나가진 말고 대신 단호한 걸음걸이로 이동하는 것만으로도 충분해요. 모든 사람이 빵빵 경적을 울려도 놀라지 마세요. 보행자들을 충분히 보면서 운전하고 있다는 것을 알리는 신호니까요.

야간열차나 야간 버스에 대해 알고 있나요? 야간 버스는 스쿠터 다음으로 베트남의 특이한 교통수단이에요. 야간 버스에는 3층짜리 침상이 있어요.(이 구조는 체구가 아담한 베트남인을 고려해서 설계되었기 때문에, 체구가 큰 사람은 불편해요.) 이 버스에 타기 전에는 짐칸에 짐을 넣어야 하고…… 신발도 벗어 두어야 해요. 버스가 달리는 동안에는 양말만 신고 있어야 해요. 만일 버스 침대칸에 있다가 화장실에 가고 싶다면, 일회용 플라스틱 슬리퍼를 받을 수 있어요. 밖에서 신던 신발은 목적지에 도착해야만 돌려받을 수 있답니다.

쌀의 탄생

숨이 멎을 듯 아름다운 풍경이 있어요. 산은 크고 작은 테라스가 층층이 들어선 거대한 계단으로 이루어진 산이에요. 하지만 이 테라스에는 꽃이 담긴 화분도 대형 파라솔도 없어요. 대신 무릎 정도 높이의 탁한 흙탕물이 채워져 있어요. 우리가 가 볼 곳은 베트남 북부의 작은 산악 도시 **사 파** 근처, 벼가 자라는 비탈진 논이에요. 논을 따라 펼쳐지는 지평선은 그림 같은 풍경이에요. 멋진 관광 명소지만, 논에서 하는 일은 매우 힘들어요.

옛날 옛적에 **벼**는 전혀 돌볼 필요가 없었어요. 큼지막한 볍씨가 알아서 흩뿌려지고, 익어서 여물면 오솔길을 따라 사람들이 사는 집으로 곧장 굴러왔어요. 단, 한 가지 조건이 있었어요. 쌀이 굴러가는 길이 깨끗하게 치워져 있어야 했어요. 그러던 어느 날, 어느 집 주인이 길 청소를 하지 않았어요. 그의 집으로 굴러가던

쌀은 화가 나서 그만 몸을 아주 작은 조각으로 쪼개 버렸고 실망한 듯 말했어요. "이제부터 쌀은 너희들 손으로 직접 심고, 낫질해야 먹을 수 있을 거야." 그렇게 해서 오늘날에 이르게 된 거랍니다…….

벼농사를 지을 때 베트남 농부들은 제일 먼저 며칠 동안 볍씨를 천으로 된 주머니에 넣고, 해가 들지 않는 습한 장소에 두어요. 씨앗이 발아하기 시작하면, 그것을 모판에 옮겨 심고 싹을 틔울 때까지 내버려 둡니다. 그러고 나면 땅을 일굴 때예요. 탁한 물이 채워진 논은 야트막한 수영장처럼 생겼어요. 써레질할 때는 소들이 도와주어요.(기계는 도움이 되지 않아요. 진흙에 박혀 버릴지도

몰라요.) 소는 ㄴ자 모양의 커다란 칼처럼 생긴 쟁기를 끌고, 무겁고 축축한 흙을 갈아요. 그때쯤 되면 모판에 심어 둔 볍씨가 모종으로 자라나요. 농부들은 모종 뿌리가 상하지 않도록 조심스럽게 뽑아내어 논으로 옮겨요. 발목까지 물이 찬 논에 들어가서 몸을 구부린 채 손으로 모를 하나씩 부드러운 논에 옮겨 심어요. 사 파의 날씨는 습하고 매우 덥기 때문에, 일이 굉장히 고돼요. 짬짬이 이마에서부터 흘러내린 땀을 닦아 내고, 아픈 허리를 펴지요. 벼 한

뿌리에서는 이삭당 겨우 30~100알의 낟알이 나와요. 풍성한 수확을 위해서는 얼마나 많은 모를 심어야 할까요?

벼는 두세 달이면 자라요. 벼가 익으면 논이 초록색에서 황금색으로 변신하죠. 논의 물이 마르면 흙도 모래처럼 변하고요. 벼는 성인 키만큼 자라요. 농부들은 알곡을 분리해 내기 위해서 낫으로 벼를 벤 다음, 말려서 탈곡해요. 정미하지 않은 쌀은 베트남어로 **톡**이라고 하는데, 왕겨 때문에 마치 금덩어리처럼 보여요. 베트남에는 "쌀 **낟알** 한 톨은 열 방울의 땀이다."라는 말이 있어요. **낟알**에서 겨를 벗겨 내고 쌀 한 공기를 얻기 위해서는 그만큼 힘겹게 일을 해야 한다는 뜻이에요. 그래서 베트남에서는 쌀을 매우 귀하게 여겨요. 주부들은 쌀이 떨어져 흩어지지 않도록 조심해요. 벼의 다른 부분도 그냥 버리지 않아요. 볏대는 바구니, 밧줄, 빗자루, 샌들 밑창 등을 만드는 데 사용하고, 겨는 연료로 태워요.

밥 먹자!

베트남에서는 쌀을 설명하는 단어가 다섯 가지나 돼요! **꺼이 루어**는 벼예요. **마**는 모를 얘기하죠. **톡**은 껍질을 벗기지 않은 쌀인 낟알, **가오**는 우리가 상점에서 사는, 겨를 벗긴 쌀이에요. 그리고 밥은 **껌**이라고 해요.

베트남은 우리처럼 밥을 지어 먹어요. 식사 준비를 위해서 특수한 용기로 쌀의 양을 재요. 각 가정마다 자신들에게 맞는 계량 용기가 있어요. 그다음에 대나무 바구니에 받쳐 쌀을 흐르는 물에 확실하게 헹궈요. 그다음에 냄비에 넣고, 물을 부어요. (꼬들꼬들하게 하려면 물을 적게 붓고, 질게 하려면 많이 부어요.) 그리고 가열해요. 소금은 넣지 않아요!

베트남인들은 쌀이 수분을 전부 빨아들일 수 있도록 물 양을 정확하게 재서 밥을 해요. 그렇게 하지 않으면 맛이 없다고 생각하거든요. 가끔 물을 좀 더 넉넉하게 부어서 쌀을 헹궈 걸러 낸 뒤에, 어린이들과 임산부를 위한 특별 건강 음료를 만들어요. 쌀뜨물에 반 컵 정도 설탕을 넣고 빨리 마셔요. 질병은 비집고 들어올 틈도 없어요!

지금은 대도시 가정마다 전기밥솥이 보급돼 물의 양을 크게 신경 쓰지 않아도 돼요. 그러나 시골에서는 여전히 옛날 방식으로 밥을 해요.

점심이 준비되면, 가족들을 모두 식탁으로 불러요. 이때 "점심 먹자!"라고 하지 않고, **"안 껌 나오"**라고 해요. "밥 먹자!"라는 뜻이죠. 왜냐하면 전통적인 베트남 식사는 항상 밥이 기본적으로 있으니까요. 베트남인들은 밥이 주식인 식생활에 매우 익숙해서 "아침 먹었어." 혹은 "맛있는 점심."이라고 말하지 않고, "밥 먹었어.", "맛있는 밥"이라고 표현해요. 점심이나 저녁으로 밥을 먹지 않아도 밥을 먹는다고 말해요. 우리와 비슷하죠? 친구에게 전화를 걸었을 때 "어떻게 지내니?"라고 묻는 대신, **"안 껌 쯔어?"**, 즉 "밥은 먹었어?"라는 말로 시작해요.

잘 지은 밥이나, 볶은 밥은 베트남 식문화에서 빠질 수 없는 요소예요. 하지만 쌀로 만든 다양한 제품도 있어요. 쌀, 물, 소금으로 라이스페이퍼(짜조를 만들 때 필수품이죠. 84쪽을 보세요.)를 만들고, 쌀국수 면도 만들어요. 쌀가루로 다양한 빵과 과자를 만들기도 해요.

쓸어 내지 마세요!

한국에서는 '4'라는 숫자를 좋아하지 않아요. 죽음이라는 의미의 '죽을 사'라는 한자어와 음이 비슷하기 때문이죠. 그래서 아파트나 상가 건물에 입주할 때 4층을 기피하는 경우가 많아요. 아마 엘리베이터 스위치에 '4' 대신 'F'라고 표기된 걸 본 적이 있을 거예요. 또 이사할 때는 '손 없는 날'인지를 확인해요. 손 없는 날은 일을 방해하는 귀신이 없는 날을 얘기하는데 이날은 평소보다 이사하려는 사람이 많아서 이삿짐센터 예약이 가득 차 있거나 평소보다 이사 비용이 많이 들어요. 이러한 검증되지 않은 사실을 확신하는 것을 우리는 미신이라고 해요. 베트남에는 어떤 **미신**이 있을까요?

베트남인들은 길에서 누군가 떨어트린 돈을 절대 줍지 않아요. 주인을 불운에서 벗어나게 하려고 돈이 떨어졌다고 생각하기 때문이에요. 그래서 그 돈을 주우면, 불운도 함께 줍는 거라고

믿어요. 그리고 우연히 똬리를 틀고 있는 뱀을 보아도 불길한 징조라고 생각해요. 또 자동차 안에서 화장할 때 백미러를 봐도 안 좋은 일이 생길 수도 있다고 해요.

베트남인들은 아이가 잘되길 바라는 마음에서 어린아이들에게 귀엽다고 칭찬하지 않아요. "아유, 참 귀엽구나!"라고 말하지 않고, 반대로 "참 못생긴 꼬마로구나!"라고 말하는 경우는 가끔 있어요. 아이들을 질투하는 나쁜 귀신의 관심을 끌지 않기 위해서 이렇게 하는 거랍니다. (34쪽을 보세요.)

가장 불길한 행동은 잘못된 방법으로 쓰레기를 치우는 거예요. 베트남인들은 집 안에서 바깥쪽으로 비질하면 그곳에 사는 선한

귀신에게 오해를 불러일으킬 거라고 생각해요. 집주인이 선한 귀신을 집에서 쫓고 싶어한다고 생각할 수도 있다는 말이지요. 그래서 비질할 때는 한쪽 벽에서 다른 쪽 벽으로 쓸거나, 바깥쪽에서 방 안쪽으로 쓸어요. 쓰레기를 버릴 때는 쓰레기(집 안에 있는 먼지나 부스러기 혹은 정원의 나뭇잎)를 가운데에 모은 뒤 쓰레받기에 담아서 잘 보이지 않는 곳에 놓아둔 쓰레기통에 버려요.

가장
밝은 등불

64

만일 우연히 베트남 달력을 사게 된다면, 그 달력에는 두 종류의 날짜가 있다는 것을 기억하세요. 하나는 **태양력**으로 휴일이나 생일 등 우리 일상의 모든 날짜는 이 달력을 기준으로 해요. 다른 하나는 **태음력**이에요. 우리와 비슷하죠? 베트남인에게 태음력은 어떤 의미인지 지금부터 알아봐요.

지금은 전 세계는 태양력, 그러니까 태양 주변을 도는 지구의 움직임과 계절의 변화에 기초한 달력을 쓰고 있어요. 하지만 옛날 사람들은 달의 주기에 바탕을 둔 태음력을 이용했어요.

고대 천문학자들은 달이 지구 생명체에 강력한 영향을 끼친다는 사실을 알고 있었어요. 달은 바다의 밀물과 썰물을 유발하고, 다양한 기상 현상을 일으키지요. 그리고 그들은 달이 우리 감정에도 영향을 끼친다고 믿었어요. 그래서 우리 행복과 성공은 달의 주기에 우리가 어떻게 행동하느냐에 달렸다고 생각했지요.

베트남인들에게는 달이 지금도 매우 중요해요. 달을 가장 밝은 등불이라고 부르며, 농부들과 아이들의 가장 다정한 친구라고 여겨요. 그래서 일상생활 일부에서 여전히 음력 달력을 이용해요. 음력에 따라 가장 중요한 명절을 쇠고, 별점을 봐요.

음력에는 매년 어떤 동물의 해가 정해져 있어요. 베트남의 경우, 순서대로 보면 쥐, 물소, 호랑이, 고양이, 용, 뱀, 말, 염소, 원숭이, 닭, 개, 돼지, 다시 처음으로 돌아가 반복됩니다. 우리나라 음력의 십이지와는 포함된 동물이 조금 다르죠?

그러나 음력은 1년이 365일이 아닌 354일로 구성이 돼요. 따라서 음력은 한 해가 조금 빨리 끝나고, 4년에 한 번씩 열세 번째 달을 더해요. 그래서 베트남인들은 생일을 가급적 양력으로 쇠려고 해요. 그렇지 않으면 음력 열세 번째 달에 태어난 사람은 생일이 4년에 한 번밖에 돌아오지 않을 테니까요!

맛있는 국물

베트남인들은 매일 이 음식을 먹어요. 베트남 모든 곳에서 이 음식을 먹어요. 산에서도, 산 밑에서도, 남쪽에서도, 북쪽에서도요. 베트남에 사는 남녀노소 모두가 이 음식을 좋아해요. 거의 모든 식당에는 이 음식이 있어요. 바로 베트남 쌀국수, **퍼**(180쪽을 보세요.)입니다.

퍼는 얼핏 보면 우리나라의 잔치 국수와 비슷해요. 하지만 육수를 내는 재료가 전혀 달라요. 생강, 팔각, 카다몬, 계피, 허브를 넣고 육수를 내요. 전통적으로는 소고기(퍼 보)를 사용해서 만드는데, 튀긴 소고기(퍼 보 사오)나 다진 소고기(퍼 보 비엔)를 사용하기도 하고, 닭고기(퍼 가)로 만드는 쌀국수도 있어요. 육수에 길고 넓적한 쌀국수 면, 퍼를 넣어 먹기 때문에 쌀국수를 퍼라고 불러요. 가끔은 베트남 어린이들이 좋아하는 밀가루 반죽을 기름에 담가 튀긴 막대 과자 꾸어이를 함께 주기도 해요.

퍼가 만들어진 건 프랑스가 베트남을 통치하던 때부터예요. 120년도 넘었어요. 그때부터 베트남인들은 젖소를 기르기 시작하면서 (이전에는 시골 농가에서 물소를 길렀어요.) 소고기를 먹었어요. 그러나 퍼를 어디에서 처음 만들었는지는 아무도 몰라요. 지역마다 자신들이 원조라고 주장해요. 어쨌든 베트남 전역에서 많은 사람의 사랑을 받는 유명한 음식이에요. 지역에 따라서 만드는 방식과 재료 등은 달라져요.

북부 지방에서는 맑은 국물(색이 밝고 투명하다는 의미)과 고수

퍼는 어떻게 먹냐고요?
우선 젓가락으로 고기, 면, 모든
곁들임 음식을 집어 먹어요.
그러곤 마지막에 국물을
마십니다.

같은 허브를 사용하는 게 중요해요. 그리고 절인 마늘, 쪽파, 레몬즙을 곁들여 먹어요. 남부 지방에서는 쌀국수에 태국 바질잎과 숙주나물을 넣고, 신선한 고추와 짭조름한 젓갈을 더 넣어서 먹어요.

퍼 외에도 퍼 싸오라는 음식이 있어요. 고기와 국수를 채소, 양념, 허브와 함께 팬에 볶은 음식이에요.

용의 바다 하롱 베이

72 용 이 바다로 잠수하는 만이라는 의미의 **하 롱 베이**는 하늘에서 내려다보면 거인이 장난으로 커다란 바위를 던져 놓은 것 같아요. 섬들이 무려 수천 개나 된답니다! 작은 섬도 있고, 큰 섬도 있고 바다 위로 우뚝 솟은 섬도 있어요. 어떤 섬은 열대 식물로 무성하게 덮여 있지만, 암석으로만 된

섬도 있지요. 바다와 바람은 섬에 작은 호수와 아름다운 동굴을 만들기도 했어요. 그러나 베트남인에게 누가 이 신비스러운 경관을 만들었냐고 묻는다면, 용이 그랬다고 대답할 거예요. 바로 전설이 그렇게 알려 주고 있으니까요.

옛날 옛날에 적들이 베트남을 공격했어요. 신들은 베트남을 돕고자 용을 내려보냈어요. 한 이야기에서는 하늘을 나는 용이 셀 수 없을 만큼 많은 진주를 뱉어 냈다고 해요. 바다에 빠진 진주는 섬들로 변했고, 침략자의 배들은 섬들에 부딪혀 산산조각이 났대요. 다른 이야기에서는 신들이 비룡과 작은 용들을 함께 내려보냈다고 해요. 작은 용들은 하 롱 베이를 통통 뛰어다니면서, 파도를 일으켜 적들의 항해를 어렵게 만들었어요. 베트남이 전투에서 승리한 뒤에 작은 용들은 그 자리에 남아서 지금까지도 섬들 사이에 숨어 있다고 전해져요.

설사 전설을 믿지 않는 사람이 있다 하더라도, 실제로 하 롱 베이를 보면 생각을 바꾸게 될 거예요. 하 롱 베이는 베트남뿐만 아니라, 전 세계에서도 보기 드문 환상적인 장소예요. 새로운 세계 7대 자연경관으로 선정됐고, 유네스코 세계 자연경관에도 등재됐어요.

하 롱 베이에 간다면 **깟바** 섬에서부터 관광을 시작하는 게 가장 좋아요. 이 섬 꼭대기에서 하 롱 베이 경치를 한눈에 볼 수 있어요. 그 뒤엔 작은 요트와 카약을 타고 섬 사이를 오가며 물 위에서 풍경을 감상할 수도 있어요. 하 롱 베이에 딸린 섬 대부분은 거북이 섬, 투계(싸우는 닭) 섬, 코끼리 섬처럼 동물 이름을 가지고 있어요. 언젠가 하 롱 베이에 가게 된다면 섬들이 실제로 동물을 닮았는지 직접 확인해 보는 건 어떨까요?

기둥 위의 삶

이 강은 가장 위대한 강이라고 불려요. 강의 길이는 거의 4,500킬로미터에 이르고, 약 천 종의 어류가 서식해요. 우기에는 물이 넘쳐 거대한 저수지처럼 보이고, 물의 수위가 내려가면 강과 하천, 시내, 개천, 수로가 뒤얽힌 미로로 변신해요. 이 미로는 매우 촘촘하게 서로 얽혀 있어서 최신 내비게이션이 있어도 쉽게 길을 잃을 수 있어요! 바로 **메콩**강을 말하는 거예요. 베트남의 가장 큰 보물이죠. 베트남인들이 물고기를 전달하는 가장 중요한 운송로이자 무역로이고, 강을 통해 운반된 흙은 밭을 비옥하게 만들어요. 메콩강은 많은 사람에게 일터일 뿐만 아니라 사는 곳이기도 해요.

이 마을에 대한 이야기를 들어 본 적이 없을지도 몰라요. 도시에서 땅을 사거나 집을 빌릴 여유가 없는 사람들은 수상 가옥 마을에서 살고 있어요. 그나마 형편이 나은 사람들 일부는 강둑에 집을 짓고,

일부는 강바닥에 박힌 기둥 위에 지어요. 출구 하나는 육지 쪽으로 내고 나머지는 물 쪽으로 내요. 배는 나무 기둥에 고정시켜 물 위에 띄워 놓아요. 바닥과 벽은 대나무판, 쓰레기장에서 찾아낸 낡은 금속판

등 그때그때 가지고 있는 것을 이용해요. 지붕은 보통 짚으로 만들어요. 아주 가난한 사람들은 배에다 무더위와 비를 피할 수 있도록 간단하게 나무 집을 지어서 살아요. 금속판이 위에 씌워 있어요.

이런 수상 가옥 마을에는 수천 명의 주민이 살 수도 있어요! 사람들 생활 대부분이 물 위에서 이루어져요. 아이들은 육지에 있는 학교에

다니지만, 마을로 돌아와 또래들과 놀거나 부모님을 도와요.
물은 수상 가옥 마을에 사는 사람들에게 머물 곳과 먹을 것을 제공해 주지만 위험을 안겨 주기도 해요.
폭풍우와 홍수 때문에 집이 훼손되기도 하고, 사람이 익사하는 일이 벌어지기도 해요.

메콩강은 기후 변화 때문에 큰 타격을 입고 있어요. 강이 마르면서, 강에 사는 많은 동물은 멸종 위기에 처해 있어요. 최근 몇 년간은 강 삼각주에 역사상 처음으로 가뭄이 발생하기도 했어요.

메콩강 따라 배를 타고

메콩 삼각주에서는 물줄기가 활발하게 움직여요. 유속이 빠른 곳에서는 한 방향으로만 이동할 수 있고, 잔잔한 물 위에서는 양방향으로 이동할 수가 있지요. 복잡한 강줄기의 미로에서는 크고 작은 배들이 분주하게 움직여요. 그중 어떤 배는 매우 독특한 모양을 가지고 있는 배도 있어요.

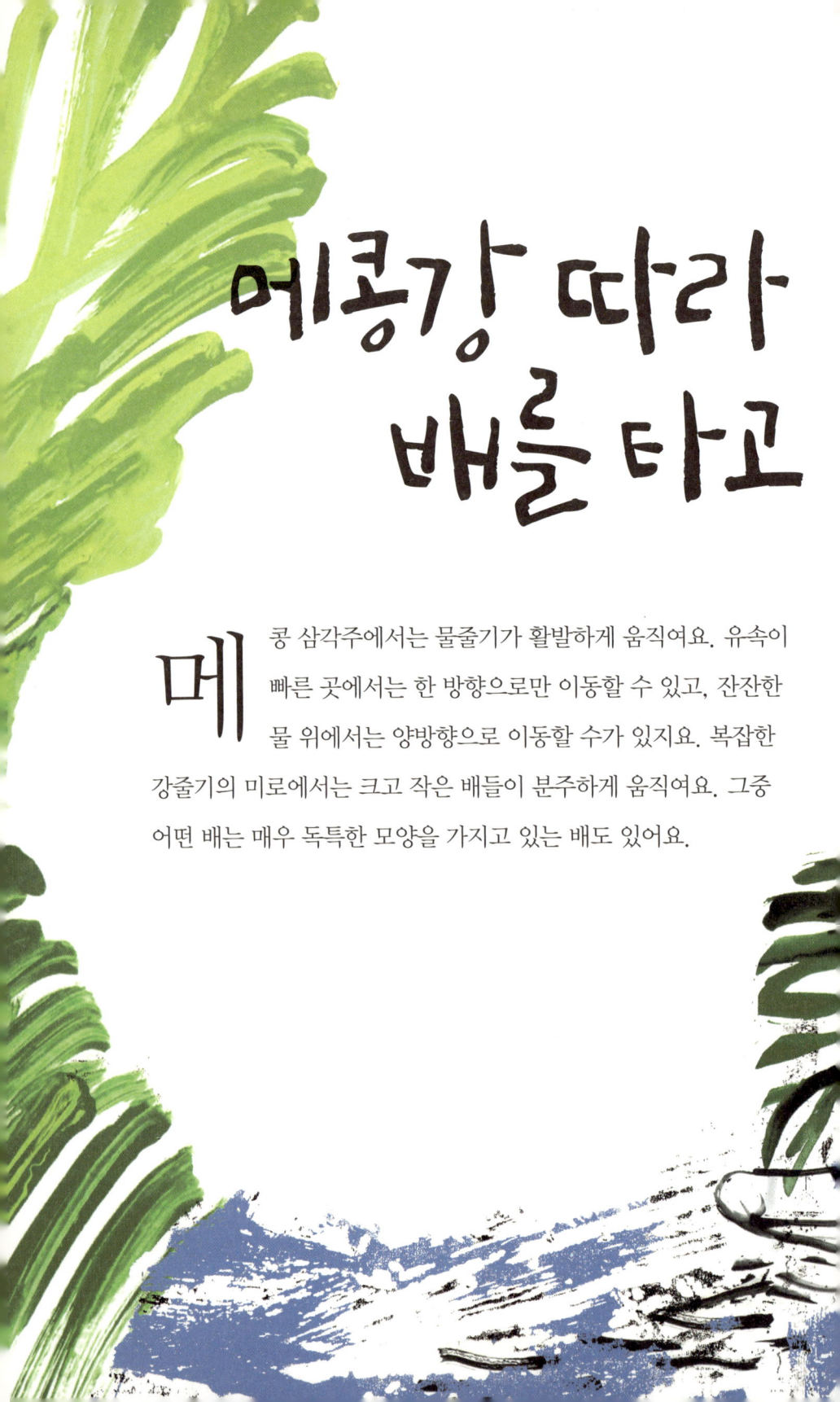

삼판이라는 배는 통나무 바닥을 평평하게 파낸 단순한 형태예요. 모양이 길고 폭이 좁기 때문에 열대 식물이 빽빽하게 들어찬 곳에서도 쉽게 빠져나갈 수 있어요. 옛날에는 속을 파낸 커다란 나무 기둥으로 삼판을 만들었어요. 지금은 메콩강에 커다란 나무는 없지만, 배의 형태 자체는 변함이 없어요. 삼판은 주로 운송 수단으로 사용되는데, 상자, 소포나 꾸러미로 가득 찬 배가 강둑을 향해요. 삼판은 시원한 음료수나 커피를 파는 이동식 매점이 되기도 하고, 판매원이 과일과 채소를 배달하는 도매점이 되기도 해요. 각 도매상은 오직 한 종류의 물품만 취급해요. 판매 품목이 무엇인지 분명하게 표시하려고, 배 주인은 멀리서 잘 보일 수 있도록 견본 상품(바나나 같은)을 길고 높은 막대기에 걸어 두어요.

퉁 짜이는 바구니 배로, 호두 껍데기처럼 생겼어요. 대나무를 엮은 다음 코코넛 오일과 타르로 빈틈을 메꾸어서 만들어요. 바구니 배에는 노가 하나씩 있어요. 이 배는 프랑스가 베트남을 점령했던 19세기와 20세기 사이에 발명되었어요. 못된 침략자들은 어부들에게 배마다 세금을 거두었어요. 그래서 베트남인들은 꾀를 내었어요. 커다란 바구니 모양처럼 생긴 배를 만들어서, 프랑스인들이 그것을 진짜 바구니라고 착각하게 했어요. 그렇게 세금을 피할 수 있었어요. 가볍고, 민첩하게 움직이는 **바구니 배**는 지금도 인기가 있는데, 특히 베트남 중부 지방에 있는 어촌 마을인 **먼 타이**에서 많이 볼 수 있어요.

범선은 부채 혹은 박쥐 날개 모양 돛이 달린 배인데 크지 않고, 방향 회전이 잘돼요. 돛은 질긴 비단으로 만드는데 참마라고 불리는 식물의 추출물에 담가서 견고성을 높여요. 그리고 대나무 대나 야자수 잎살을 가로로 달아서 빳빳하게 만들어요. 돛이 접히지 않는다는 게 매우 흥미롭지요. 베트남 범선에서 가장 독특한 점은 돛의 뾰족한 부분에 눈을 그려 넣는 거예요. 물속 깊은 곳에 숨어 있는 나쁜 귀신과 괴물을 놀라게 하려고 눈을 그린다고 해요.

베트남 만두

영국인들이 **스프링 롤**이라고 부르는 음식을 베트남인들은 **넴 꾸온**이라고 불러요. 남부에서는 **짜 조**, 북부에서는 **넴 쟌**이라고도 해요. 이 독특하고 작은 튀김은 쌀국수와 함께 가장 인기 있는 베트남 음식이에요.

이 음식이 어디서 처음 만들어졌는지는 알 수 없어요. 베트남과 중국이 서로 처음 만들었다고 주장하고 있어요. 중국인들은 넴을 만들 때 라이스페이퍼를 사용하지 않고, 밀가루로 만든 더 두꺼운 피를 사용하지만요. 중국은 이 음식을 춘권이라고 불러요. 분명한 것은 단 하나예요. 정말 맛있답니다!

넴은 얇은 라이스페이퍼로 만들어요. 고기와 채소, 혹은 채소만으로 속을 채운 뒤 둥글게 말아요. 넴은 차갑게 먹는 방식(스프링 롤/넴 꾸온)과 따뜻하게 먹는 방식(짜 조/넴 쟌), 두 종류가 있어요. 차가운

스프링 롤은 투명해서 라이스페이퍼 속의 내용물이 보여요. 속에는 쌀국수 면을 추가하기도 해요. 따뜻하게 먹는 짜조는 돼지고기, 채소, 카사바 국수, 목이버섯을 넣어 만들어요. 매우 높은 온도의 기름에 튀기기 때문에 노르스름하고 바삭한 겉옷을 입게 되지요. 조리된 음식은(두 종류 모두) 느억 맘 참(176쪽을 보세요) 소스에 찍어 먹어요. 맛있게 드세요!

어쩌면 넴은 옛날에 먼 길을 떠나는 사람이 가는 동안 먹을 수 있도록 쥐어 준 음식 꾸러미에서 유래한 것일 수도 있어요. 도톰하고 부드러운 피에 고기를 싼 음식을 여행자에게 만들어 주었어요. 베트남인들은 채소를 좋아하기 때문에, 시간이 흐르면서 당근, 숙주, 양파 같은 채소가 고기와 함께 나오기 시작했어요. 이후에 겉을 싸는 재료로 라이스페이퍼가 사용되었어요.

영혼과의 만남

유럽에는 성당마다 제단이 있어요. 가톨릭 국가에서는 길거리에서도 제단을 볼 수가 있지만 단 하루뿐이에요. 반면 베트남에는 집집마다 제단을 가지고 있어요. 조상을 모시는 제단을 **반 터 또 띠엔**이라고 해요.

보통은 거실의 중앙에 있고, 가끔은 작은 방에 따로 두기도 해요. 이것은 서랍장의 일종으로, 위에 불상을 모셔 두고 흙이나 쌀이 담긴 용기에 **향**을 꽂아 두어요. 그리고 세상을 떠난 가족들의 사진을 두어요. 왜 이렇게 하는 걸까요?

베트남인들은 손윗사람을 공경해요. 나이가 있는 사람들의 경험과 지혜를 높이 사고, 어른 덕분에 세상에 태어났다는 것을 잊지 않으며, 길러 준 은혜에 감사하는 마음을 가져요. 베트남인들은 죽은 뒤에 가까운 사람들이 우리 삶에서 사라지는 것이 아니라,

베트남인들은 집 앞에서 가짜 화폐와 종이로 만든 미니 자동차, 전화기, 가구 혹은 옷을 자주 태워요. 조상이 저세상에서 부족함이 없이 지내길 바라는 마음과 현세에서 사용하고 있는 것이 무엇인지 조상들에게 알려서 친지들이 그런 물건을 가질 수 있도록 도와달라는 의미가 담겨 있어요.

단지 우리가 보지 못할 뿐, 여전히 우리들 곁에 있다고 믿어요. 가까이서 우리를 지켜보면서 나쁜 것을 피하도록 경고하고, 우리가 곤경에 빠지지 않도록 돌보고 조언해 주기도 한다고 믿지요. 그래서 베트남인들은 그들을 위해서 제단을 만들고, 각종 행사(베트남 신정, 친인척의 제사, 중요한 삶의 순간) 때마다 좋은 길로 인도해 달라고, 도움과 축복을 내려 달라고 청해요. 베트남인들은 조상에게 기도할 때까지는 중요한 결정을 내리지 않아요!

하지만 죽은 사람과 만나기 위해서는 적절한 의식을 올리고 제물을 바쳐야 해요. 죽은 사람의 사진 앞에 고인이 생전에 좋아했던 음식을 올리고 꽃으로 제단을 장식한 다음, 마지막에 향을 피우고 두 손을 모아 조용히 기도하는 거예요. 향이 다 타고 나면 온 가족이 식탁에 둘러앉아 조상을 위해 준비한 음식을 먹어요. 그러면서 먼저 세상을 떠난 사람들을 회상하고 그들과 관련된 이야기를 나누어요. 그들의 결점도 따뜻하게 웃어넘길 수 있고, 그들이 거둔 성공에 감사할 수도 있는 좋은 시간이에요.

최고의 명절

베트남의 음력설인 **뗏**은 모든 명절 중에서도 제일 큰 명절이에요. 새해 첫날이라는 의미도 있지만, 뗏은 보통 1월과 2월 사이에 오기 때문에 봄이 곧 온다는 것을 알려 주는 기쁜 순간이기 때문이에요. 그리고 뗏 연휴 기간은 2주나 된답니다!

베트남인들은 명절에 가족 및 친구들과 한자리에 모이기 전에, 오랫동안 준비해요. 모든 중요한 일들을 마무리하고 다퉜던 사람들과도 화해하려고 노력해요. 또한 평소보다 더 타인에게 해를 끼치지 않으려고 애를 써요. 지난해에 있었던 나쁜 일들을 상징적으로 없애기 위해서 깨끗하게 정리 정돈을 해요. 모든 것이 깔끔하고 보기 좋게 정리가 되면, 집에 봄의 상징인 분홍색 꽃이 피는 **복숭아나무**를 놓아두고, 나무를 형형색색의 소원이 적힌 종이로 꾸며요. 끝으로 고수 가지, 레몬그라스, 아시아 바질을 담근

뜨거운 물로 목욕해요. 목욕을 하면 묵은해에 범한 모든 실수를 씻어 낼 수 있다고 여기기 때문이에요.

모든 준비가 끝나면 명절 음식을 준비해도 돼요. 맛있는 음식이 너무나도 많아서 머리가 어지러울 지경이에요. 대나무, 돼지고기, 쌀로 만든 음식들이 주를 이루고, 거기에 설탕 시럽을 입혀 굳힌 과일을 더해요. 명절에 빠질 수 없는 음식은 **반 쯩**(94쪽을 보세요.)이에요. 번영과 환대를 상징하죠. 베트남인들은 모든 음식을 집의 제단에 놓고, 향을 피운 뒤, 새해에 모든 일이 잘되게 해 달라고 조상님께 빌어요. 향이 모두 다 타고 나면, 음식을 식탁으로 옮겨서 온 가족이 모여 만찬을 즐기고, 자정이 지나서까지 서로에게 덕담해 주어요.

가장 신이 나는 건 어린이들이에요. 첫 번째, 매일 지켜야 하는 규칙에서 해방되는 날이기 때문이죠.(예를 들어 잠을 늦게 자도 돼요.) 두 번째, 베트남의 설날에는 부모님을 비롯해 그들 집을 방문하는 이모, 고모, 삼촌에게서 용돈이 든 형형색색의 봉투를 받기 때문이에요. 이렇게 받은 용돈을 모으면, 벼르던 장난감을 살 수도 있어요.

뗏 연휴 동안 베트남인들은 서로의 집을 방문해서 작은 선물을 주고받아요. 새해 첫 손님은 가족 앞날에 영향을 끼친다고 생각하기 때문에 큰 의미를 두어요. 그래서 보통 가장 좋아하거나 그해의 띠인 사람을 초대해요.(64쪽을 보세요.)

세상을 담은 음식

94 이 음식은 언뜻 보면 포장된 선물 같아요. 네모난 상자에 리본 같은 게 묶여 있어요. 하지만 상자를 감싼 바나나 잎을 벗겨 내면 빵 같은 게 보일 거예요. 찹쌀, 돼지고기, 녹두로 만들었기 때문에 달콤하지는 않아요. 바로 이것은 바로 **반 쫑**으로, 베트남의 음력설인 **뗏**(90쪽을 보세요.)에 먹는 음식이에요. 이 음식과 관련된 옛날이야기가 있어요.

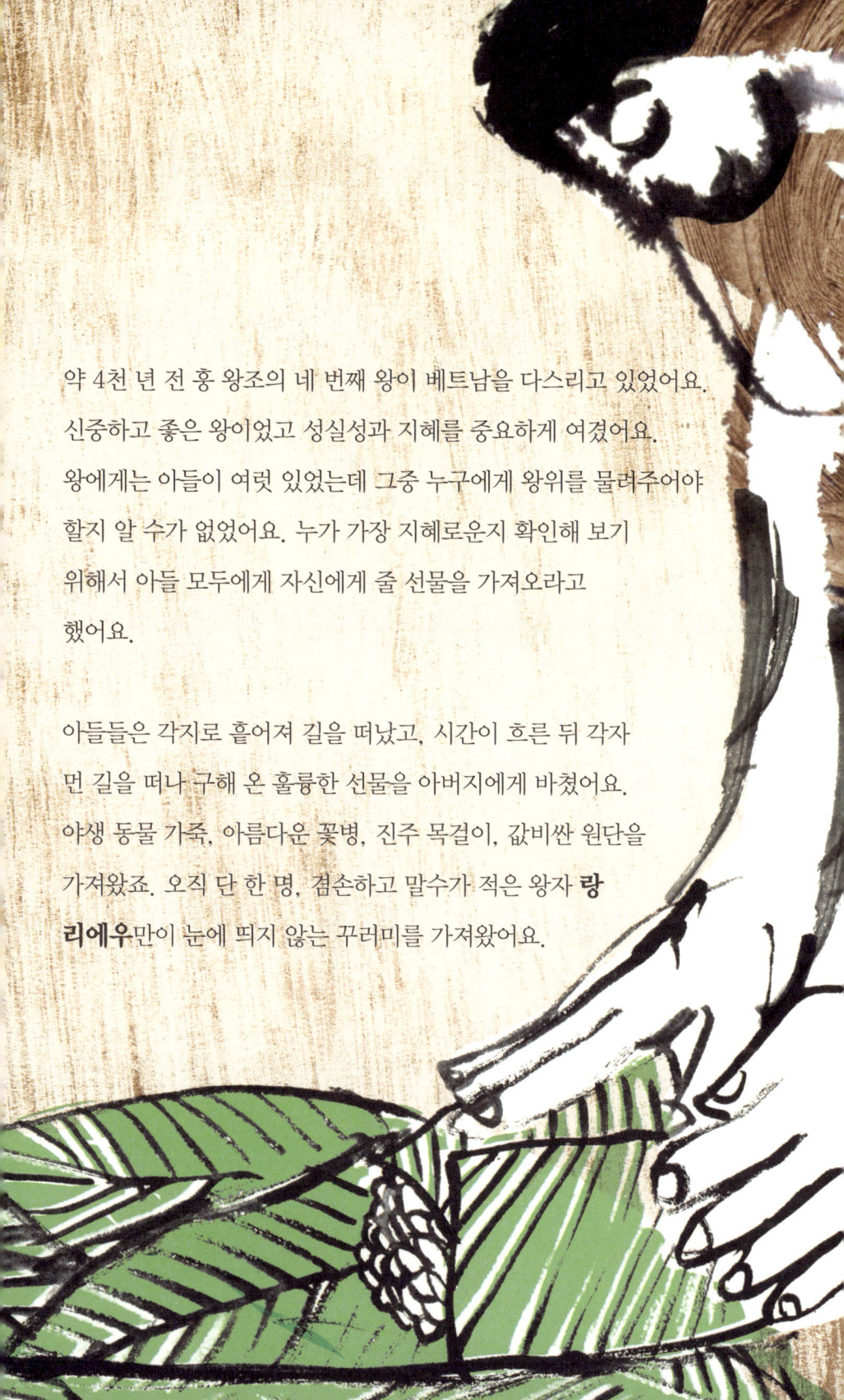

약 4천 년 전 훙 왕조의 네 번째 왕이 베트남을 다스리고 있었어요. 신중하고 좋은 왕이었고 성실성과 지혜를 중요하게 여겼어요. 왕에게는 아들이 여럿 있었는데 그중 누구에게 왕위를 물려주어야 할지 알 수가 없었어요. 누가 가장 지혜로운지 확인해 보기 위해서 아들 모두에게 자신에게 줄 선물을 가져오라고 했어요.

아들들은 각지로 흩어져 길을 떠났고, 시간이 흐른 뒤 각자 먼 길을 떠나 구해 온 훌륭한 선물을 아버지에게 바쳤어요. 야생 동물 가죽, 아름다운 꽃병, 진주 목걸이, 값비싼 원단을 가져왔죠. 오직 단 한 명, 겸손하고 말수가 적은 왕자 **랑 리에우**만이 눈에 띄지 않는 꾸러미를 가져왔어요.

왕이 그 꾸러미를 풀자, 속에 콩과 고기를 넣은 떡이 있었어요. 왕자는 아버지에게 백성들이 일상에서 겪는 고충을 상기시켜 줄 수 있는 선물을 바치고 싶었다고 했어요. "쌀과 콩은 식물이고, 고기는 동물입니다. 이것들이 넓고 푸른 우리 땅을 이룹니다."라고 설명했어요. 그리고 덧붙였지요. "저와 이 땅의 백성들은 이만큼 누리게 해 주신 아버지께 감사하고 있습니다. 아버지 후계자는 이 땅에 사는 그 누구도 굶주리지 않게 해야 합니다. 그리고 가장 소중한 것은 우리 땅에서, 매일의 수고에서 나온다는 것을 기억해야 합니다."

그렇게 랑 리에우는 왕이 되었고, 반 쫑은 지금까지도 새해 음식에서 빠지지 않아요. 끓는 물에 넣어서 찐(모양이 흐트러지지 않도록 바나나 잎으로 전체를 감싸요.) 뒤, 하늘을 상징하는 **반 짜이**와 함께 내지요. 반 짜이는 쌀가루로 만든 둥글고 흰 찹쌀떡이에요.

과일 천국

용의 눈이나 털을 먹는다고 생각해 보세요. 어떤 맛일 것 같나요? 만일 이국적인 맛을 두려워하지 않는다면 베트남의 시장으로 가 보세요. 그곳에서 정말 깜짝 놀랄 만한 이름을 가진 과일들을 보게 될 텐데 정말 맛있어요! 여기 베트남 과일에 대한 짧은 안내장이 있어요.

리치(바이) 모양과 색은 딸기를 닮았지만 단단한 껍질에서 확연한 차이가 나요. 리치의 과육은 수분이 가득하고, 달콤하며, 강한 향이 풍겨요.

스타 프루트(케) 과일을 자르면 단면이 별처럼 생겼는데 살짝 신맛이 나요. 요리를 장식할 때 자주 사용해요.

람부탄(쫌 쫌) 말레이시아어 단어인 **람부트**에서 딴 이름이에요.

동그랗고 빨간 이 과일은 뻣뻣한 털 같은 것에 덮여 있어요. 탱탱한 식감의 우윳빛 과육은 씨앗에서 잘 떨어지지 않기 때문에 먹기가 쉽지 않아요.

두리안(쎠우 지엥) 과일의 크기는 약 40센티미터, 무게는 거의 5킬로그램이나 돼요. 두리안 나무도 높이가 40미터 정도나 돼요. 그 높이에서 커다란 열매가 사람에게 떨어진다면 위험하겠죠? 그래서 두리안은 세상에서 가장 위험한 과일이라고도 해요.

과일의 겉은 뾰족하고, 속에는 쫀득한 과육이 들어가 있어요. 누군가는 맛있는 바닐라 맛 푸딩을 떠올리지만, 누군가는 향이 지독한 프랑스의 블루치즈를 떠올려요. 이 과일에 익숙하지 않은 사람이라면 현기증과 호흡 곤란을 느낄 수도 있을 거예요. 그래서 두리안은 보통 창문을 열어 둔 곳에서 먹고 아시아 일부 지역에서는 호텔이나 공항에 반입이 금지되어 있어요. 비행기로 실어 올 수 없는 유일한 과일이지요.

잭프루트(밋) 이 과일은 빵 덩어리처럼 생긴 과일로 빵나무라고 불리는 나무 기둥에서 자라요. 실제로도 빵 덩어리를 조금 닮은 모습이에요. 황록색에 아주 크고 무거워요. 무게는 10킬로그램 정도예요. 길이가 100센티미터인 것도 있어요. 달콤한 과육뿐만 아니라 씨앗도 삶거나 구워서 먹을 수 있는데, 밤 맛이 나요. 열매의 꽃자루에서 진하고 쫀득한 진액이 나오는데, 이것은 물로 씻어 낼 수 없고 기름으로 닦아야 해요.

망고스틴(망 꿋) 단단한 암갈색 껍질을 가진 과일로, 손을 진하게 물들여요. 귤과 비슷한 크기예요. 하얀색 과육은 복숭아와 산딸기, 파인애플이 합쳐진 듯한 맛이에요.

스타애플(부 스어) 매우 단단한 껍질과 달콤한 요구르트 맛이 나는 과육을 가지고 있어요. 과일은 반으로 갈라서 숟가락으로 퍼 먹어요. 껍질은 깨끗하게 씻어서 그릇 대신 사용하기도 해요.

베트남 사과(따오) 이름에 사과가 들어 있지만, 전혀 사과처럼 생기지 않았어요. 자두만 한 크기로 녹색 껍질에 우둘투둘한 씨앗과 새콤달콤한 맛이 나는 아삭한 과육을 가지고 있어요.

용안(냔) 단면을 잘라 보면 반투명한 과육이 보여요. 가운데에는 마치 선사시대 생명체의 눈알 같은 씨앗이 비쳐 보여요. 과일은 동그랗고 밝은 베이지색으로, 나무에서 다발을 이루며 열매를 맺어요.

베트남인들은 과일 먹는 법이 따로 있어요. 양념이 과일 맛을 배가시켜 준다고 믿기 때문에, 과일을 소금과 고춧가루를 섞은 소스에 찍어 먹기도 해요. 새콤한 자두로는 칩을 만드는데, 햇볕에 말린 뒤에 설탕과 소금을 넣어 함께 끓이고, 그다음에 다시 말려요.

용과(탄 롱) 껍질이 두껍고 빨개요. 과육은 흰색에 검은 점들이 박혀 있어요. 맛은 키위와 비슷하지만 키위보다 더 달아요. 상쾌함을 주고 갈증 해소에 도움이 돼요.

베트남 싯갓

나라마다 유명한 모자가 있어요. 프랑스는 베레모, 미국은 야구 모자, 영국은 신사 모자가 있어요. 베트남은 윗부분이 고깔처럼 뾰족한 **논 라**가 유명해요!

전설에 따르면 아주 커다란 모자를 쓴 여신이 나타나 빗줄기로부터 농부들을 보호했어요. 농부들은 여신에게 보답하고자 사원을 지었고, 그 뒤로 여신이 썼던 모자와 비슷한 모자를 만들어 썼다고 해요. 그렇게 **논 라**가 탄생했어요. 약 3천 년 전의 일이에요.

이 모자를 누가 제일 먼저 썼는지는 알 수 없어요. 젊은 사람들, 나이 든 사람들, 북부 지방 사람들, 남부 지방 사람들 모두 다른 **논 라**를 가지고 있었어요. 그러나 분명한 것은 이 원뿔형 고깔모자는 비와 햇빛을 훌륭하게 막아 주었기 때문에 벼농사를 짓는 농부들에게 가장 많은 사랑을 받았어요.

베트남 전통 모자 **논 라**는 머리를 가리는 데만 사용하지 않고,
가끔은 바구니 대신 쓰기도 하고 물을 받는 그릇이나 부채처럼
사용하기도 해요. 젊은 여성들이 전통춤을 출 때 필요한
소품이기도 하고요. 베트남 **후에**에서는 **논 라**의 도움을 받아
사랑을 고백하는데, 소년들은 소녀들에게 낭만적인 시를 쓴 모자를

선물해요.

논 라는 매우 견고해서 다양한 상황에서 유용하게 쓰여요. 지역에 따라 조금 다르지만 종려나무잎이나 파인애플잎으로 만들어요. 나뭇잎을 모래 위에서 밟고, 햇볕에 널어 바짝 말린 다음 다려요. 그다음에 크기가 서로 다른 열여섯 개의 대나무 고리가 있는 틀을 준비해요. 잘 말려 다린 잎을 알맞은 크기로 잘라서 받침대에 펼쳐 놓고 얇은 바늘로 꿰매요. 바늘땀이 거의 보이지 않을 정도로 굉장히 작아야 하기 때문에, 많은 인내심이 필요한 작업이에요. 끝으로 모자에 광택제를 칠해서 안전하게 마감하고, 끈을 연결해 턱 밑에서 묶어 고정할 수 있게 해요.

107

달에 간 꾸오이

달나라 토끼 이야기를 알고 있나요? 베트남에도 이와 비슷한 동화 속 주인공이 있어요. 바로 **꾸오이** 이야기예요.

평범한 농부 꾸오이는 어느 날 숲에서 신비로운 나무를 발견했어요. 상처를 치료하고 생명을 살리는 나뭇잎이 달린, 불멸의 나무였어요. 그는 나무를 뽑아서 자기 집 앞에 심기로 했어요. 집으로 돌아오는 길에 늙은 거지를 만났는데, 그는 꾸오이에게 이 나무는 세심하게 돌보아야 하고 오직 맑은 샘물만을 주어야 한다고 했어요. 노인의 조언을 들은 꾸오이는 나무를 아주 잘 가꾸었고, 나무는 점점 더 크고 아름답게 자랐어요. 그러던 어느 날 불행이 닥쳤어요. 꾸오이 아내가 나무 밑에서 소변을 보고 말았던 거죠. 불멸의 나무는 갑자기 하늘 위로 올라가기 시작했어요. 꾸오이는 나무 뿌리를 잡는 데 성공했지만 때는 이미 늦었지요. 나무는 점점 높이, 더 높이

올라갔고, 나무는 달에 도착해서야 멈추었어요.

베트남인들은 달 표면에 보이는 흑점이 크레이터나 바다가 아니라, 불멸의 나무 밑에 앉아서 지구를 그리워하며 바라보는 꾸오이의 모습이라고 믿어요. 그리고 1년에 한 번, 베트남의 추석이라 할 수 있는 **뗏 쫑 투**가 되면 베트남 어린이들은 꾸오이에게 집으로 돌아가는 길을 가르쳐 주려고 등불, 촛불, LED 손전등을 켜요.

뗏 쭝 투는 가을의 중간에 있는 명절이에요. 음력으로 8월 15일이기 때문에 보통 9월에서 10월 사이에 명절이 와요. 그때쯤이면 추수가 끝난 바로 다음이라 농부들은 신과 조상들에게 성공과 풍년에 대한 감사 인사를 해요. 이 명절은 쉬면서 사람들과 어울리는 시간이에요. 사람들은 모여서 수다를 떨고, 달 모양 과자인 **월병**(바잉 쭝 투)을 서로 나누어 먹어요. 땅거미가 지면 길거리에는 등불을 들고 행진하는 어린이들의 모습이 보여요. 행사가 끝나고 나면 어린이들은 선물을 받아요. 왜냐하면 그날은 바로 베트남의 어린이날이기도 하니까요.

대나무 춤

혹시 고무줄놀이를 해 봤나요? 고무줄 대신 기다란 대나무 봉을 뛰어넘는 모습을 떠올려 보세요. 음악에 맞춰서요. 양 끝에 앉아 있는 친구들은 쉽게 뛸 수 없게 대나무를 움직이고요. 단순하고 쉬운 놀이 같지는 않죠? 이건 놀이가 아니라 **무어 삽**이라는 기이한 춤이에요.

이 춤은 서북부 지방에 사는 소수 민족(18쪽을 보세요.) 사이에서 특히 인기가 많아요. 옛날에는 모를 심을 때 신에게 비와 풍작을 빌기 위해 이 춤을 추었어요. 무용수들은 침목 두 개에 배치한 다섯 쌍 정도의 대나무 봉 사이를 뛰어넘어요. 침목은 좁고 기다란 돼지 여물통(옛날 베트남에서는 돼지를 아주 많이 길렀어요.)을 바닥이 위로 올라오게 거꾸로 뒤집어서 만들었어요. 대나무 봉을 잡은 사람들은 양쪽 여물통 쪽에 쪼그리고 앉아서 대나무로 받침목을 치면서 리듬을 만들어요. 무용수들은 대나무 봉 사이를 다리가

걸리지 않게 지나다녀요. 먼저 혼자서 추다가, 그 뒤에 짝을 이뤄 춤을 춰요. 처음에는 대나무 봉 사이를 평범하게 뛰어다니지만, 그다음 단계로 이어질수록 춤의 구성은 더욱 복잡해져요. 대나무 춤을 더욱 매력적이게 보이도록 부채와 같은 다양한 소품을 활용하기도 해요.

아름답게 연주하세요!

베트남-프랑스 인류학자인 조르쥬 콘도미나스는 1940년대에 베트남 중부 지방, 떠이 응우옌 고원 지대에 사는 므농족의 풍습을 연구했어요. 어느 날 저녁, 마을 사람들이 근처 깊숙한 숲속 동굴에 이상한 돌들이 있다고 그에게 말해 주었어요. 조르쥬는 곧장 가 보았지요. 그 장소에서는 길이가 다른 열한 개의 직사각형 돌판이 있었어요. 약 3천 년 전에 만들어진 것으로 보이는 악기로 돌판을 두드려 소리를 내는데, 베트남어로는 **단 다**라고 해요. 돌로 만든 악기라는 뜻이에요. 옛날 사람들은 작은 망치로 돌판을 두드리며 연주했어요. 돌에서 바람 소리, 물이 졸졸 흐르는 소리, 새들의 노랫소리와 비슷한 소리를 얻었어요. 옛날에는 단다를 이용하면 조상의 영혼과 접할 수 있다고 믿었어요. 베트남에서 여전히 **단 다**를 사용하고 있다는 점은 흥미로워요. 특히 떠이 응우옌 고원에 사는 사람들이 즐겨 사용해요.

베트남인들의 음악적 독창성은 이게 끝이 아니에요!
드럼은 드럼인데, 심벌이나 울림통 대신 현이 있다면 어떨까요?
땀 탑 룩은 상판 대신에 쇠줄이 달린 테이블처럼 생겼어요. 악기 옆에 앉아 있는 사람이 끝이 둥근 채로 부딪히며 연주해요.

고고학자들이 베트남 북부에서 발견한 청동북은 단다만큼이나 오래된 악기예요. 수천 년간 왕권의 상징이었어요. 왕들은 저세상에도 이 악기를 가져가려고 죽을 때도 무덤에 함께 묻었어요. 중요한 행사가 있을 때나 명절에 사용했던 이 악기의 높이는 약 50센티미터였고, 낮은음을 냈어요. 현대에는 이런 타악기를 장례식에서나 사용하지만, 베트남인들은 이 악기의 소리가 들리는 한 베트남은 존재할 것이라 믿어요.

단 응우옛은 오늘날의 기타와 비슷해요. 기타의 사운드 홀 같은 건 없지만요. 동그란 몸체가 보름달을 연상시키기 때문에 '달의 악기'라는 뜻의 이름이 붙었어요. 옛날에 단 응우옛을 연주하는 예술가들은 쉽게 줄을 치기 위해서 손톱을 길게 길렀다고 해요. 지금은 피크를 많이 사용하는 편이에요.

쏭 랑은 눈에 띄지 않는 악기예요. 지휘자는 오페라 공연을 하는 동안, 이 악기를 손이나 발로 쳐서 리듬을 끌어내요. 두 개의 평평한 나무판을 탄성이 좋은 끈으로 금속이나 쇠뿔에 연결한 악기예요. 스페인의 캐스터네츠 같다고 생각하는 사람들도 있을 거예요.

지에우 싸오는 연에 달린 악기예요. 마치 다양한 길이의 관(파이프)이 서로 줄지어 연결된 것처럼 생겼어요. 악기의 연주는 관이 바람을 잡고 소리를 낼 수 있도록 연으로 제어하는 방식이에요.

베트남 남자들은 음악가가 아니더라도 손톱을 잘 기르는 편이에요. 이런 방식으로 베트남인들은 음악적인 천성을 타고났으니, 육체적인 일을 할 필요가 없다는 것을 은근히 표현해요.

이불 사우나

북

유럽인들은 맹추위가 닥치면 몸을 따뜻하게 하려고 사우나를 즐겨요. 이와 달리 열대 기후인 베트남은 나라 전체가 그야말로 하나의 대형 불가마예요. 그런데 대체 왜 나무로 만든 한증막에서 또 찜질하려는 걸까요? 찜질이 필요한 상황이 딱 하나 있어요. 베트남인들은 감기에 걸리면 병균이 몸에서 빠져나가도록 침대 위에서 셀프 사우나를 해요.

베트남에는 투옥남이라고 하는 전통 의학이 있어요. 전통 의학 의사들은 환자의 맥박을 측정하고, 혀를 보고 진단해요. 환자에게는 약과 주사 대신 식이요법과 운동요법, 약초나 벌레 가루를 처방하기도 하고 침을 놓기도 해요.

만일 감기에 걸렸는데 뭘 해도 낫지 않는다면 베트남식 셀프 사우나를 한번 시도해 보세요! 방법은 간단해요. 먼저 침대에서 매트리스를 빼내고 나무로 된 침대 프레임에 앉으세요. 그리고 침대 밑바닥에는 고수

가지, 레몬그라스, 생강, 말린 포멜로 껍질을 넣고 팔팔 끓인 물이 담긴 대야를 두세요. 그다음 몸에 담요를 덮으세요. 편안한 향기와 따뜻한 수증기가 여러분을 감쌀 거예요. 그러다 10분 뒤에 담요에서 나오면 돼요. 가장 좋은 건 사우나 뒤에 뜨거운 꿀 생강차를 한 잔 마시고, 옷을 따뜻하게 입은 채 오한을 떨쳐 내는 거예요. 얼마 지나지 않아 분명히 몸 상태가 나아질 거예요.

사올라, 쥐사슴, 들소

베트남에는 우리나라에서 자라지 않는 식물(98쪽을 보세요.)뿐만 아니라 좀처럼 만나기 어려운 희귀하고 특이한 동물들도 많이 살고 있어요.

사올라는 얼마 전까지만 해도 학자들이 존재하는지도 몰랐어요. 이 동물은 1992년에 **부 꽝**이라는 지역에서 발견되었어요. 사올라는 대형 포유류로 오릭스의 뿔을 가진 영양처럼 생겼어요. 무게는 약 100킬로그램이고 무화과나무잎을 주로 먹어요. 열대 우림에 살고, 사람들이 사는 곳에서는 멀리 떨어져서 살아요. 사올라는 세계에서 가장 희귀한 발굽 동물에 속해요. 겨우 수백 마리가 남아 있는 것으로 추산되는데 멸종 위기에 놓여 있어요. 그래서 여태까지 겨우 몇 번 정도만 목격되었을 뿐이고, 연구자들은 여전히 이 동물에 대해서 아는 것이 많지 않아요.

혹시 **쥐사슴**이라고 들어 본 적이 있나요? 이 동물은 자그마한 체구(약 55센티미터의 길이)의 포유동물이에요. 몸집과 연필처럼 길고 얇은 다리, 굽이 달린 발이 아니라면 쥐처럼 보일 거예요. 그래서 이 동물을 쥐사슴이라고 불러요. 큰 송곳니를 가지고 있지만 초식 동물이라 위협적이진 않아요.

베트남을 여행할 때 위험한 동물들을 만나게 될까 봐 겁나나요? 염려 말아요! 독이 있는 코브라와 타란툴라는 정글 깊숙이 살기 때문에(혹은 특수 농장에서 사육되는데 이런 것들은 그릴에 구운 요리로 나와요.) 여행 중에 위협이 될 생명체는 겨우 바퀴벌레와 모기뿐이에요. 해 질 무렵에 더욱더 귀찮게 할 거예요. 다행히도 천적이 있어요. 귀여운 도마뱀붙이가 저녁마다 밝은 곳에 앉아서 빛을 향해 날아드는 벌레들을 날름 잡아먹어요.

이어서 만날 동물은 **문착**이에요. 사슴과의 동물로 위험한 순간이라고 생각하면 개 짖는 소리와 비슷한 소리를 내요. 큰

송곳니를 가지고 있고, 뿔의 밑 부분은 털로
덮여 있어요.

베트남에서는 소와 친척 관계라고 할 수
있는 야생 동물들도 만날 수 있어요. 바로 야행성
생활을 하는 겁 많은 동물 **반텡**과 몸집이 아주 큰
인도들소예요. 인도들소의 위로 휘어진 뿔과 탄탄한
어깻죽지 근육은 강렬한 인상을 줘요. 목 아래에는
늘어진 가죽이 주름져 매달려 있는데, 이곳으로 열을

내보내요. 인도들소는 야생 소 중에서는 가장 큰데, 성년이 된 수컷의 무게는 무려 1.5톤이나 돼요.

123

버려진 장기판

124

전설에 따르면 **선 짜** 반도의 **딘 반 꺼**는 장기판 정상이라는 뜻으로, 옛날에 신선들이 좋아하는 장소였어요. 이곳은 하늘과 가까웠고, 산꼭대기에 걸린 구름 덕분에 사람들의 시선을 벗어날 수 있었죠. 그래서 신선들이 장기를 두러 이곳으로 내려오기를 좋아했어요. 그러다 언젠가부터 호기심이 생긴 사람들이 산꼭대기까지 올라가려고 시도했어요. 꼭대기까지 올라가는 데 성공한 사람도 있었지만, 커다란 대리석 장기판만 발견했어요. 신선들이 허겁지겁 달아나면서 장기판을 바위에 놓고 간 거예요.

이 장기판의 다른 모형은 근처 산에 있는 한 동굴에서 볼 수 있어요, 이 산을 주로 **누이 키**라고 부르는데 원숭이 산이라는 의미예요. 원숭이가 아주 많이 살고 있어서 그렇게 불리게 됐는데, 관광객 탐방로 위에 원숭이 통로를 설치해 두기도 했어요. 동굴 천장의

구멍으로 새어 들어오는 빛은, 장기판을 앞에 두고 앉아 있는 두 신선의 대리석 형상을 비추어요. 그 옆의 제단은 하늘이 보낸 사신들에 대한 인간의 호의를 보여 주려는 장치예요. 베트남인들은 단 한 명의 신선이라도 볼 수 있길 기대하며 이 장소를 순례해요. 신선들은 분명 고요함을 좋아할 텐데, 이곳 동굴에는 수많은 방문객이 지나다녀요.

선 짜 반도는 베트남 남부 다낭에 있어요. 이곳에서 겨우 10킬로미터 정도 떨어진 곳에 오행산이 솟아 있어요. 실제 산은 아니고 옛날에 대리석을 캐던 다섯 개의 언덕이에요. 언덕은 자연의 힘을 따서 이름이 지어졌어요. 낌 선은 금(金)산, 먹 선은 목(木)산, 투이 선은 수(水)산, 호아 선은 화(火)산, 터 선은 토(土)산이에요. 이중 투이 선이 가장 커요. 이곳의 관광은 보통 지옥이라는 뜻의 **암 푸** 동굴에서 시작해요. 작은 연못 위의 돌다리가 지옥으로 안내해요. 다리 밑 연못에는 손을 뻗은 모양의 석상이 있는데 마치 도움을 구하는 손길처럼 보여요. 암 푸 동굴은 지옥을 상징하니까요.

잘 보이지 않는 구석구석에서는 겁에 질린 사람의 얼굴 석상이 보여요. 살아서 저지른 나쁜 행동에 대한 죗값으로 지옥의 형벌 집행자에게 고문 받는 모습을 표현한 거예요. 다행히도 동굴 끝에는 위로 올라갈 수 있는 좁은 계단이 있어요. 천국으로 향하는 길이라서 분위기가 완전히 변해요. 벽은 신과 천사를 나타내는 아름다운

문양과 평면 조각으로 장식되어 있어요. 다른 동굴에서는 수백 년 전에 만들어진 힌두교와 불교 사원을 볼 수 있는데 그곳에는 불상(154쪽을 보세요.)도 서 있어요. 미끄러운 대리석 바위를 따라 꼭대기로 올라가면 주변 광경과 오행산 끝자락에 있는 **논 느억** 마을의 멋진 풍경을 볼 수 있어요. 마을 사람들은 세대를 이어 대리석을 캐고, 아주 큰 불상을 조각해요. 공방을 돌아다니면서, 작업 중인 공예가들을 볼 수도 있고, 작은 기념품 조각상도 살 수 있어요.

불교를 상징하는 만자(卍)는 산스크리트어로 스바스티카예요. 독일 나치의 상징인 하켄크로이츠도 스바스티카에서 비롯된 거예요. 고대 문화에서 스바스티카는 태양의 생명력을 상징했고, 다산의 여신상에도 있어요. 그리고 악귀로부터 보호하는 힘의 상징이기도 했죠. 아시아에서는 지금도 스바스티카가 행복과 성공, 영험함의 상징이에요.

사라진 동굴

위대한 발견은 우연이 만들어 낸 작품일지도 몰라요. 바로 **선 도옹** 동굴도 그랬어요. 1991년 어느 날, 가난한 소년 **호 카인**은 시장에서 팔 나무와 알로에를 구하려고 **퐁 냐** 국립 공원 근처 정글에 갔어요. 소년은 점점 더 깊고 깊은 곳을 향해 빼곡한 덤불을 뚫고 들어갔어요. 그러다 갑자기 이상하게 구멍이 뚫린 바위가 나타나는 바람에 길을 멈추었어요. 호기심에(어쩌면 다가오는 폭풍우를 피하려고) 소년은 안을 들여다보았는데, 눈앞에 어마어마하게 큰 동굴이 나타났어요. 바닥에는 강이 흘렀고, 살짝 내려앉은 천장을 무성한 식물들이 뚫고 나왔으며, 공기 중에는 가벼운 안개가 떠 있었어요. 한마디로 동화에서나 나올 법한 풍경이었어요.

이 대단한 발견에 대한 소식은 번개처럼 빠르게 퍼져 나갔지만, 아무도 소년의 말을 믿지 않았어요.

호 카인은 자신의 말이 거짓이 아님을 증명하고 싶었지만, 길을 찾을 수 없었어요. 15년 뒤, 소년이 발견한 장소에 대한 소문을 들은 영국 동굴 학자들이 퐁 냐에 왔고, 그들은 호 카인이 동굴을 찾도록 안내해 주길 바랐지요. 하지만 이번에도 실패였어요. 그러다 2009년이 돼서야 호 카인은 마침내 자신이 발견했던 동굴을 다시 찾을 수 있었어요.

선 도옹 동굴 연구에만 꼬박 2년이 걸렸어요. 이 동굴이 **세계에서 가장 큰 동굴**로 밝혀졌기 때문에요. 동굴의 길이는 무려 9킬로미터였어요! 동굴 안의 한 공간만 해도 길이 5킬로미터에 폭이 150미터, 높이가 200미터나 된다고 해요. 비행기 몇 대를 무리 없이 세울 수 있을 정도예요! 선 도옹 동굴은 수백만 년 전에 만들어졌지만, 오랜 세월 동안 입구가 없었던 거지요. 석회질의 동굴 천장 벽 일부가 무너지면서, 그때서야 내부로 빛이 새어 들어갔어요. 열기와 습기로 인해 동굴 안에는 양치식물과 나무가 자라났고, 이끼가 바위를 덮었으며, 거미, 뱀, 새도 나타났어요.

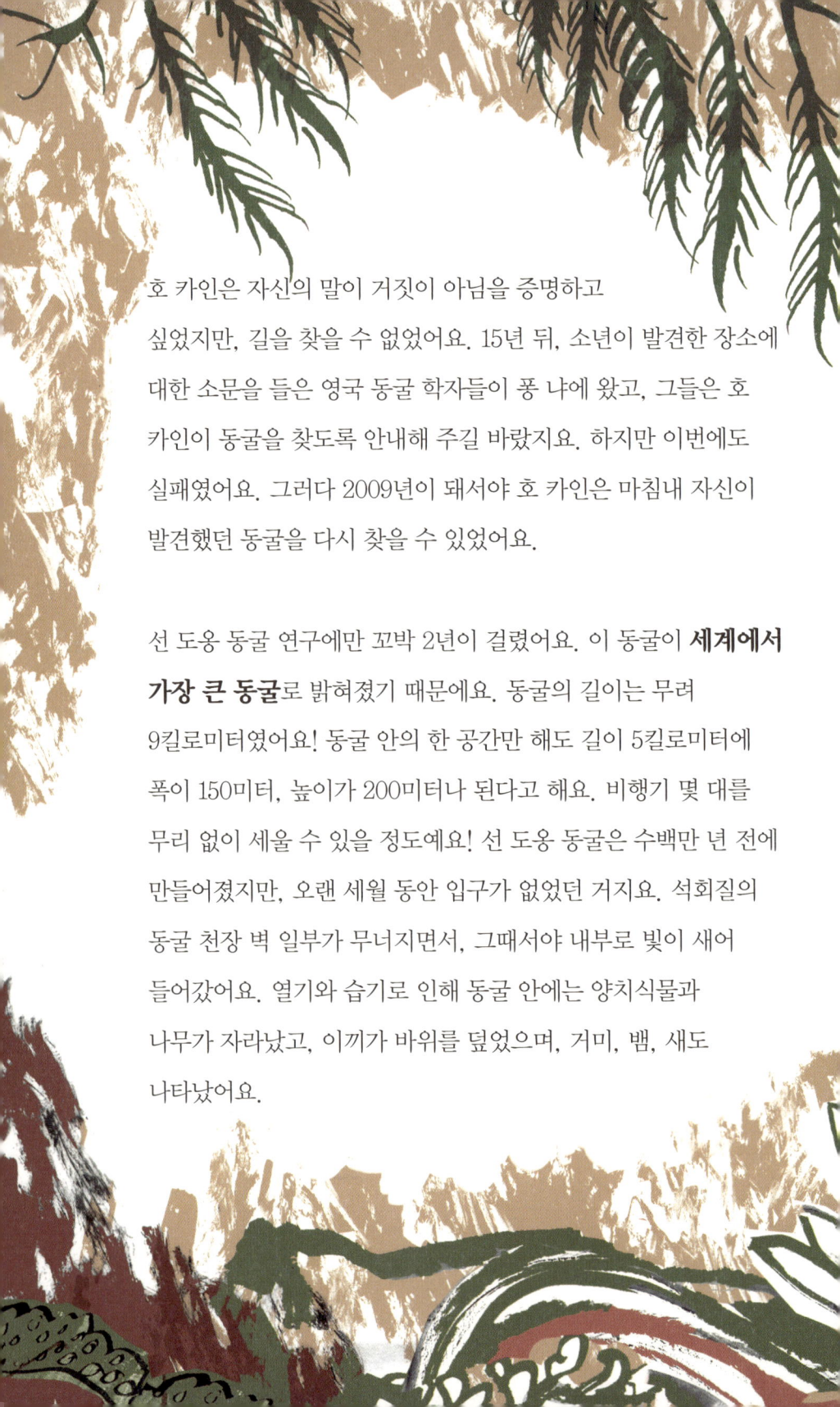

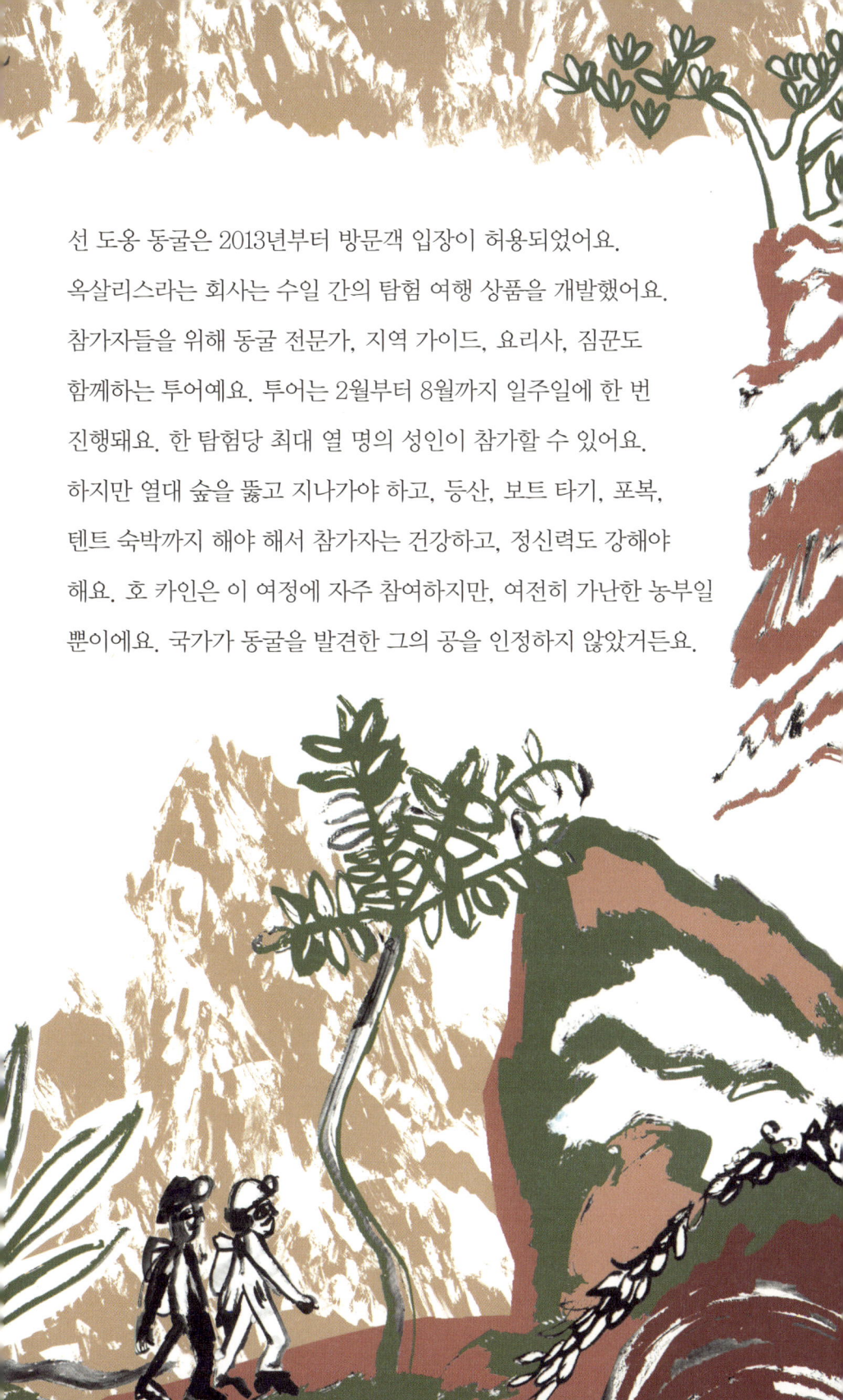

선 도옹 동굴은 2013년부터 방문객 입장이 허용되었어요. 옥살리스라는 회사는 수일 간의 탐험 여행 상품을 개발했어요. 참가자들을 위해 동굴 전문가, 지역 가이드, 요리사, 짐꾼도 함께하는 투어예요. 투어는 2월부터 8월까지 일주일에 한 번 진행돼요. 한 탐험당 최대 열 명의 성인이 참가할 수 있어요. 하지만 열대 숲을 뚫고 지나가야 하고, 등산, 보트 타기, 포복, 텐트 숙박까지 해야 해서 참가자는 건강하고, 정신력도 강해야 해요. 호 카인은 이 여정에 자주 참여하지만, 여전히 가난한 농부일 뿐이에요. 국가가 동굴을 발견한 그의 공을 인정하지 않았거든요.

물고기로 담근 장

여러분은 물고기로 만든 조미료인 **느억 맘**을 좋아할 수도 있고, 끔찍이 싫어할 수도 있어요. 이 양념은 베트남 요리에 들어가는 기본 조미료예요. 매우 강한 향과 특이한 짠맛을 가지고 있어요. 많은 사람이 이 조미료에 익숙해지려면 시간이 좀 걸릴 거예요. 하지만 이 맛에 익숙해지면, 느억 맘 없이 요리한다는 건 상상할 수 없죠!

느억 맘은 매우 짜기 때문에 자주 소금 대신 사용해요. 그리고 매운 냄새가 나므로 느억 맘을 쓸 때는 양을 잘 조절해야 해요. 고기 요리, 수프, 샐러드를 만들 때 사용해요. 베트남인들은 보통 달군 팬에 채를 썬 고기와 채소를 넣기 전에 느억 맘을 부어요. 이 소스를 바탕으로 느억 맘 참(176쪽을 보세요.)도 만들어서 짜조, 해산물 튀김, 닭고기 튀김 등을 찍어 먹어요. 느억 맘은 다양한 허브를

넣어서 맛을 풍부하게 만들기도 하는데, 베트남인들은 기본 맛을 더 좋아해요.

푸 꾸옥은 느억 맘 생산지로 특히 유명해요. 푸 꾸옥은 베트남의 가장 큰 섬으로, '천상의 나라'라는 뜻이에요. 여기에서는 특별한 양념장 공장을 방문할 수 있어요.
다만 냄새가 심하게 날 수 있으니 조심하세요!

액젓은 베트남에서 항상 귀했어요. 옛날에는 어부들이 젓갈 통으로 세금을 내기도 했어요.

느억 맘은 주로 멸치로 만들어요.(가장 좋은 것은 여러 종류의 물고기로 만드는 것이지만.) 잡은 물고기를 양지에 놓아둔 커다란 통에 넣고 소금을 뿌려 절여요. 며칠 지난 뒤에 통 안에 생긴 물을 따라 내요. 따라 낸 물은 모아서 두고, 물고기는 통에 그대로 열두 달을 둬요. 그 뒤에 다시 통 안에 생긴 물을 따라 내고, 그 물에 처음에 따라 냈던 물을 조금 섞어요. 이 단계에서 얻어 낸 느억 맘이 가장 좋고, 가장 비싸요.

남은 물고기에 물을 붓고 또 1년 동안 둬요. 나중에 다시 물을 따라 내고, 거기에다 첫 물을 조금 넣어요. 그리고 2년을 두는데 전혀 썩지 않아요.

느억 맘 공장마다 자신들만의 비법을 가지고 있어요. 전문가는 색과 향만 보고도 어떤 물고기로 만들었는지, 어떤 지역에서 생산됐는지, 몇 년이나 됐는지 맞힐 수 있어요.

후추가 자라는 나라

136

후추는 널리 쓰이는 향신료예요. 음식에 향을 더하고, 소화를 돕고, 면역력도 강화시켜 주죠. 베트남은 매운 후추 최대 생산국이에요.

습하고 무더운 기후와 많은 비가 만든 비옥한 토양 덕분에 후추는 베트남에서 매우 무성하게 자라요. 1헥타르의 땅에서 무려 2톤까지 수확할 수 있어요!

베트남인들은 특히 흑후추를 즐겨 써요. 많은 베트남 음식점에서 요리를 낼 때 흑후추와 소금, 라임 주스가 섞인 소스를 그릇에 담아 함께 줘요. 고기 조각을 이 소스에 찍어 먹지요.

후추나무잎은 약간 길고 끝이 뾰족하고, 꽃은 연두색이에요. 후추 열매는 마치 포도처럼 다발로 맺혀요. 한 다발에는 20~30개 정도가 열려요. 후추는 담쟁이처럼 나무 주변을 휘감고 자라고, 줄기 길이는 10미터 정도 돼요. 후추밭에 일부러 꽂아 둔 살대나 나무 작대기를 타고 올라가는데, 약 2미터 높이까지 자라나요. 심은 뒤 몇 년이 지나면 열매를 맺기 시작하고 십여 년간 계속 열매를 맺어요.

흑후추를 얻기 위해서는 덜 익은 열매를 끓여 익히거나 열매에 끓는 물을 부은 다음에 겉이 쭈글쭈글해지고 어두운색이 될 때까지 햇빛에 말리면 돼요. 다 익은 열매를 수확하면 물에 불렸다가, 껍질을 까서 말리면 백후추가 나와요. 흑후추보다는 순한 맛이지만 향이 좋아서 백후추도 인기가 많아요. 베트남 농부들은 알갱이의 생김새 때문에 **띠에우 소**(두개골 후추)라고 불러요.

수상 극장

공연을 관람한 적이 있나요? 그렇다면 특별한 공연을 관람한 적도 있나요? 지금부터 무대가 물 위인 베트남의 극장 이야기를 들려줄게요.

수상 극장은 약 천 년 전에 홍강 삼각주에서 시작되었어요. 우기에 삼각주가 물에 잠기면, 베트남인들은 저녁마다 물이 넘친 논(52쪽을 보세요.)이나 물가, 빗물이 만든 작은 호수 근처에 모여들어서 공연을 했어요. 커튼 뒤에 몸을 숨긴 배우들이 나무 인형을 조작하는 공연이었어요. 무대는 물 위였어요.
서쪽으로 넘어가는 해를 조명 삼아, 어울리는 음악 소리에 맞춰 인형들은 평범한 사람들과 옛날 옛적의 영웅들 이야기, 착한 귀신과 나쁜 괴물 이야기를 했어요. 이런 공연의 주제는 시골 생활 이야기가 가장 많았는데 거기에는 어부, 소를 타고 피리 부는 사람, 파이프 담배를 태우는 농부 등이 출연했어요. 또한 사자춤, 용춤, 유니콘 춤

그리고 다른 동화 속 동물 춤도 있었어요.

무어 로이 느억, 즉 수상 인형극은 옛날에는 굉장히 인기가 많았지만, 약 100년 전에 거의 사라졌어요. 다행히 베트남 문화를 사랑했던 일부 프랑스인들이 인형극의 아름다움을 알아보았고, 베트남 인형극 종사자들의 인형극 개발을 지원했어요. 덕분에 우리가 여전히 수상 인형극을 즐길 수 있는 거랍니다. 물론 지금은 물이 넘친 논이나 저수지에서 공연하지는 않고, 극장의 특별한 수상 무대에서 공연해요.

가장 유명한 현대 수상 인형 극장은 하노이의 **탕 롱 수상 인형 극장**이에요. 한 공연에 많게는 수십 가지 형형색색의 나무 인형이 출연하는데, 왕, 천사, 소, 용의 모습을 하고 있어요. 인형의 크기는 30센티미터에서 75센티미터 정도예요. 그런 인형이 자유롭게 행동(모심기, 밀가루 빻기, 무술 연습, 빠른 이동, 칼 사용)하려면 인형을 움직이는 배우가 막대기와 줄로 이루어진 복잡한 작동 시스템을 잘 알고 있어야 해요. 보통 수년의 연습이 필요하고, 통달하면 여러 가지 인형을 동시에 움직일 수 있어요!

수상 무대의 배경은 그림을 그린 장막으로, 그 뒤에 배우들이 숨어 있고, 무대 장치인 작은 문과 탑의 지붕이 숨겨져 있어요. 인형들과 함께 음악가와 예술가가 무대 옆에 서서 물 위에서 벌어지는 사건을 노래로 해설해 줘요.

거북이와 칼

베 트남에서 2016년 1월 19일은 슬픈 날로 기억돼요.
꾸 루어가 죽었기 때문이에요. 꾸 루어는 '증조
할아버지 거북'이라는 뜻의 대형 거북이(이 동물이
200킬로그램 정도 나갔다는 얘기도 있고, 300킬로그램 정도
나갔다는 얘기도 있어요.)로 약 100년 전부터 베트남 수도에 있는
호안 끼엠 호수에 살았어요. 기자들은 '거북이의 죽음은 나쁜
징조'라는 기사를 썼어요. 왜 이런 이야기가 나왔을까요?

첫 번째, 꾸 루어는 양쯔강자라는 세계적으로 멸종 위기에 놓여 있는 종에 속하는데, 남아 있는 양쯔강자라 네 마리 중 한 마리였어요. 남은 두 마리는 중국 쑤저우의 동물원에 있고, 다른 한 마리는 하노이의 다른 호수에서 살고 있어요.

두 번째, 거북이는 베트남에서 가장 숭배하는 동물 중 하나예요. 베트남인들은 거북이를 수호신이자 베트남의 상징이라고 여기고, 거북이가 악으로부터 나라를 지켜 준다고 믿어요. 600년 전에 거북이가 중국군의 침략을 막은 전설에서 비롯되었는데, 바로 이런 얘기예요.

중국이 쳐들어왔을 때, 너 나 할 것 없이 베트남인 모두가 적에 맞서 싸웠어요. 하지만 침략자들은 수가 많았기 때문에, 만일 신이 베트남을 돕지 않았다면 분명 베트남이 완패하고 말았을 거예요. 어느 날 가난한 어부가 강에서 신비로운 칼을 건졌는데, 거기에는 '하늘의 도움'이라는 글귀가 적혀 있었어요. 그리고 가난한 목수는 숲에서 그 칼에 딱 맞는 칼집을 발견했어요.

이들은 자신들이 발견한 물건을 왕인 **레 러이**에게 가져갔고, 왕은 그 칼과 칼집이 신의 선물이라고 확신했어요. 전투가 벌어지자 칼에서 특별한 힘이 나타났고 덕분에 베트남은 머지않아 적을 무찌를 수 있었어요.

레 러이는 전쟁에서의 승리를 기념하기 위해 호숫가로 갔어요. 그때 갑자기 물에서 아주 큰 거북이가 불쑥 튀어나와선, 왕이 들고 있던 칼을 가져가더니 깊은 곳으로 영원히 사라져 버렸어요. 이 일을 기념하고자 레러이는 호수의 이름을 '검을 돌려준 호수'라는 뜻의 **호안 끼엠**으로 지었고, 호수 가운데에 섬을 만들어 거북이 사당을 지으라고 지시했어요.

전설은 보통 약간의 사실을 감추고 있어요. 베트남인들은 실제로 중국군과 자주 싸웠어요. 하지만 항상 승리를 거두지는 못했죠. 기원전 221년 중국의 첫 번째 황제가 베트남을 침략했고 그 뒤 천 년이 넘게 베트남을 점령했어요. 그래서 베트남의 예술이나 건축에는 지금까지도 중국 문화가 아주 많은 영향을 끼친 것이 보여요.

지금은 호안 끼엠 주변의 공원에서 시민들이 휴식을 취하고 차를 마시거나 조깅을 해요. 칼은 여전히 깊은 호수 바닥에 잠들어 있겠지요. 언제 발생할지 모르는 그날을 대비하면서요. 그리고 거북이 사당에는 박제된 꾸 루어가 안치되어 있어요.

베트남의 폴란드인

카 **지미에시 크비아트코프스키**는 폴란드 건축가이자 문화재 보존 전문가예요. 그런데 잠깐만요, 그가 베트남에서 뭘 한다는 거죠? 베트남이랑 무슨 관련이 있나요? 네, 많이 있어요. 베트남인들은 그를 위해 동상까지 세웠어요! 대체 어찌 된 일인지 한번 들어 보세요.

1980년대, 약 3천 년의 역사를 지닌 도시 **호이 안**에 문제가 생겼어요. 옛날에 호이 안은 중요한 항구 도시였어요. 일본, 중국, 유럽 상인들이 이곳에 정착하였지요. 그들이 살면서 내원교와 같은 여러 유적들을 남겼어요. 내원교 내부에는 신을 모신 사당이 있는데, 상인들이 사업이 잘되게 해 달라고 빌거나 바다의 신에게 기도하던 곳이었어요. 베트남 공산 정권은 낡은 나무 건물을 부수고 그 자리에 커다란 콘크리트 자재의 주거용 건물을 짓기로 결정했어요. 마침 근처 **미 선**에서 일하고 있던 카지미에시 크비아트코프스키는 그 결정을 반려하도록 정치인을 설득했어요. 정부가 문화재로서의 가치가 있는 건물을 재건한다면 도시에 많은 관광객이 올 거라고 의견을 제시했어요.

그의 생각이 옳았어요. 지금 호이 안은 베트남에서 가장 많은 관광객이 방문하는 곳 중 하나예요. 매력적인 옛 정취를 그대로 보존하고 있기 때문이지요. 빨간색 지붕이 씌워진 옛 상인의 집은

낮고 좁지만(어떤 건 겨우 3미터 폭이에요.), 매우 긴 특이한 건축 양식이에요. 구시가지를 방문하고 나면 분위기 좋은, 작은 카페에 앉아서 정신을 맑게 해 주는 차를 한 잔 마셔 보는 것을 추천해요! 저녁에는 호이 안 명물인 여러 가지 색깔 등불을 보러 시장에 가는 것도 좋아요.

베트남인들은 카지미에시를 카직이라고 불러요.
그가 도시를 지킬 수 있어서 다행이에요.
그러나 그가 지킨 문화재는 이것만이
아니에요!

카직 덕분에 **후에**에 있는 후에 황성도 살아남았어요. 후에 황성은 왕들의 옛 거처였어요. 후에 황성이라 불리게 된 이유는 일반인들은 그 성에 접근할 수 없었기 때문이에요. 이곳에는 왕궁과 울창한 정원에 둘러싸인 사원이 보존되어 있어요. 그곳으로 가려면 가파른 계단과 연못 위의 다리 그리고 그늘진 골목길을 지나야 해요. 담벼락과 거대한 문이 입구를 지키고 서 있고, 안뜰에는 병사들의 석상이 있어요.

카직이 살린 세 번째 베트남 유적지는 짬족(18쪽을 보세요.)이 세운 미 선 힌두 사원 단지예요. 이곳은 수 세기 동안 정글이 뒤덮고 있었어요. 카직과 동료들은 수개월 동안 잔해를 정리하고 이끼와 잡초들을 제거했어요. 작업 기간 동안 카직은 **미 선**의 대나무 아름다운 도시 후에는 비극적인 역사가 남아 있는 도시로, 베트남에서는 지금까지도 후에의 비극을 이야기할 수 없어요. 1968년 1월, 베트남 전쟁 당시(158쪽을 보세요.) 북베트남 공산 정부와 베트남 민주주의 공화국은 휴전 협정을 했고, 군인들은 새해를 맞아 집으로 돌아갈 수 있었어요. 하지만 공산주의자들은 협정을 깨고, 무방비 상태의 도시를 공격하면서 당시 수천 명의 시민이 사망했어요.

오두막에 살았어요. 한순간도 떨어지고 싶지 않을 정도로 사원은 카직의 맘을 사로잡았어요. 말라리아에 걸리고 말았지만, 카직은 사원을 사랑했고, 그곳에 묻히길 원했어요.
하지만 후에에서 세상을 떠났어요. 카직의 장례식은 마치 왕의 장례식 같았죠. 카직의 몸을 누인 석관이 후에 황성에 왔고, 장례 행렬은 경찰 오토바이가 호위했어요. 그리고 카직은 고향인 폴란드 루블린에 묻혔어요.

카직의 헌신은 1999년에 그가 살려 낸 모든 유적지가 유네스코 세계 문화 유산 목록에 등재되며 보상을 받았어요.

높은 곳에서

154 미국 뉴욕의 자유의 여신상, 프랑스 파리의 에펠탑, 영국 런던의 빅벤을 알고 있나요? 많은 도시와 나라에는 전 세계 사람들이 아는, 자랑스러운 건축물이나 기념물이 있어요. 베트남에도 있어요.

선 짜 반도에서 멀지 않은 도시, **다낭**의 바나힐에는 골든 브리지라고도 불리는 **카우 방**이 있어요. 길이는 150미터이고, 해발 1,400미터 높이에 걸려 있어요. 거기서는 아찔한 산의 풍경과 남중국해의 아름다운 해안선이 내려다보여요.

멀리서 보면 카우 방은 마치 곧 무너질 것 같은 모습이에요. 다행히도 그저 착시일 뿐이지만 아슬아슬하게 기울어진 것처럼 보이도록 설계되었어요. 콘크리트로 만든 거대한 손 두 개가 다리를 떠받치고 있어요. 이끼가 무성하게 자란 손과 현대 건축물의 결합은 전통에 대한 애정과 새로운 무언가에 대한 개방성을 동시에 상징해요. 다리까지는 세계에서 가장 긴 케이블카를 타고 갈 수 있는데, 거리가 거의 6킬로미터에 달해요. 그리고 기점과 종점의 고도 차이는 1킬로미터가 넘어요.

다낭이 카우 방만으로 유명한 건 아니에요. 2010년부터 거대한 불상도 홍보하고 있어요. 크기가 67미터나 되고(미국 자유의 여신상은 93미터예요.), 연꽃 모양의 대좌는 지름이 35미터예요. 일반적인 불상과는 조금 다른 모습인데, 관광객들은 이 불상을 **해수 관음상**이라고 불러요.

부처라는 말에는 두 가지 의미가 있어요. 하나는 불교(18쪽을 보세요.)를 창시한 고타마 싯다르타 왕자인 석가모니를 의미해요. 그는 기원전 6~5세기에 살았어요. 그리고 궁극적인 진리를 깨달은 사람도 부처라고 해요. 하지만 보통은 부처라고 하면 대개 남자의 모습인데 다낭에 있는 불상은 여자의 모습이에요. 자비의 여신인 펏 바 꽌 암의 모습을 형상화한 것이기 때문이에요.

해수 관음상은 위에서 민가를 내려다보고 폭풍우로부터 어부들을 보호해요. 불상이 다낭에 생긴 뒤로 다낭은 더 이상 폭풍우에 시달리지 않는다고 해요. 몇 년 전에 필리핀을 강타했던 태풍이 마지막 순간에 경로를 바꾸어 베트남을 지나쳐 갔어요. 다낭 사람들은 그것이 관음보살 덕분이라고 확신하고 있어요.

정글의 땅굴

158

사이공에서 북쪽으로 수십 킬로미터 떨어진 정글 안에서는 나뭇잎들 사이에 숨겨진 자그마한 나무 덮개들을 찾을 수 있어요. 베트남 가이드에게 부탁하면 그중 하나를 들어 올려 여러분을 복잡하게 얽힌 땅굴 터널로 안내해 줄 거예요. 하지만 미리 알려 둘게요. 터널은 좁고, 어둡고, 숨이

베트남 전쟁을 배경으로 한 유명한 미국 영화가 여러 편 있어요. 프랜시스 포드 코폴라 감독의 〈지옥의 묵시록〉이나 베리 레빈슨 감독의 〈굿모닝 베트남〉 같은 영화들이에요. 베트남에 있는 미국인들에게는 마사리브스 앤 더 반데라스의 〈Nowhere to Run(도망칠 곳이 없다)〉와 같은 상징성을 띠는 제목의 노래나 그룹 더도어즈의 〈The End(끝)〉 같은 노래도 인기를 끌었어요. 이 영화와 음악은 전쟁의 끔찍함을 이야기하는 동시에 자유에 대한 소망과 평화를 갈망하는 메시지를 담고 있어요.

막혀요! 준비됐나요? 그럼
출발해 봅시다!

입구는 체구가 작은
베트남인에 맞춰져 있어서
체격이 큰 남자라면 비좁을
거예요. 땅굴로 들어가려면
제일 먼저 입구에 다리를 넣고,
그다음 조심스럽게 바닥에 발을
디디세요. 그다음에는 팔을 쭉 뻗어
덮개를 들어 올린 채 쭈그려 앉으면서 입구를 닫아요. 땅굴은 마치
뱀처럼 꼬불꼬불하며 네발로 기어가야 할 만큼 높이가 낮아요.
땅굴을 통과하는 동안 다른 땅굴 입구, 환기창 역할을 하는
흰개미집, 부엌이나 침실, 사무실 기능을 하는 공간도 보여요. 누가
이 터널을 사용하는 걸까요? 왜 있는 걸까요?

꾸 찌 땅굴은 베트남전쟁이 벌어졌던 1957에서 1975년 사이에
사용되었어요. 당시 베트남은 남과 북으로 나누어져 있었어요.
북쪽에는 호찌민이 통치하는 공산 정권이 있었는데 공산 정권은
사람들의 생활을 통제했어요.

남쪽에는 민주주의 국가가 있었어요. 공산주의 **북베트남**과 **베트남
민주주의 공화국**은 서로 싸웠어요. 양쪽이 대립하고 있을 때,

미국이 끼어들었어요. 미국은 공산주의자들이 점점 더 세력을 넓혀 가는 것이 불안했기에, 독재자 호찌민과 싸우는 민주주의 공화국을 지원하기로 했어요.

열대 기후와 헤쳐 나가기 힘든 정글은 미국군에게 불리하게 작용했어요. 반면 북베트남 군인인 **베트콩**에게는 정글이 마치 물 만난 물고기처럼 편안했지요. 베트콩은 꾸 찌 땅굴을 이용했어요. 덕분에 정글에서 눈에 띄지 않고 이동할 수 있었고, 기습 공격할 수도, 순식간에 몸을 숨길 수도 있었어요.

전쟁을 벌이는 동안 땅굴망은 200킬로미터가 넘었고, 사이공에서 캄보디아와의 국경까지 뻗었어요. 120킬로미터 정도 되는 구간은 기념관으로 보존되어 있어요.

전쟁은 어떻게 끝이 났을까요? 미국군이 후퇴했어요. 베트남 민주주의 공화국이 패배했지요. **공산주의 정권**이 베트남을 차지했고, 지금까지 이어지고 있어요. 공식적으로 베트남은 베트남 사회주의 공화국이라는 명칭을 사용해요.

지금도 베트남 거리에는 여전히 선전용 포스터가 걸려 있어요. 낫과 망치, 손에 붉은 깃발을 들고 기뻐하는 노동자들, 호찌민 초상화를 들고 씩씩하게 학교 가는 어린이들 모습이 그려져 있어요. 그러나 선전을 통해 보이는 이미지는 실제 현실이나 많은 베트남인의 열망과는 전혀 달라요. 베트남 국민들은 자유 선거를 통해 자신의 통치자를 뽑길 원하고, 옛 시절의 빨간 줄 세 줄이 있는 노란 국기로 돌아가고 싶어해요.(현재 베트남 국기는 공산주의자들이 도입한 빨간색 바탕에 가운데 노란 별이 있는 국기예요.) 그리고 사이공이 공산주의 독재자 호찌민(47쪽을 보세요.)의 이름이 아닌 원래 이름을 되찾길 원해요.

이방인

민주주의 국가에 사는 사람들은 자유롭게 정보를 얻을 수 있고, 두려움 없이 자신의 의견을 표현할 수 있어요. 하지만 어떤 나라 사람들은 자유가 없고, 누가 나라를 다스릴지 결정할 수도 없을 뿐만 아니라, 정부에 불만이 있어도 소리 낼 수가 없어요. 언론은 검열당하고(기자들은 정부를 비판하는 기사를 써선 안 돼요.) 어디나 감시하는 눈이 있어요. 만일 국민들이 통치자가 원하는 대로 행동하지 않으면 협박당하고, 수감당해요. 베트남에서도 이러한 일이 벌어져요.

이런 나라에서 살고 싶지 않은 사람들은 해외에서 살 곳을 찾아요. 그런 사람들을 이민자 혹은 난민이라고 해요. 베트남 전쟁이 끝나자 베트남이 공산주의 정권에 넘어갔고(158쪽을 보세요.), 거의 2백만 명의 베트남인들이 더 나은 삶을 위해 고국을 떠났어요. 1970~80년대에 많은 사람이 보트를 타고 바다를 건너 가까운

말레이시아나 필리핀으로 탈출했어요. 그들을 보트피플이라고 불러요. 보트피플의 수는 백만 명이 넘어요. 그중 많은 사람이 이동 중에 죽었어요. 살아남은 사람들은 말레이시아나 필리핀에서 다시 미국과 캐나다, 유럽으로 떠났어요. 그 뒤로는 베트남인들은 육로를 통해 서양으로 갔어요. 우리나라도 보트피플을 수용하기 위한 시설을 부산에 설치하기도 했어요.

우리나라는 사이공이 함락되기 직전까지 남베트남과 외교 관계를 유지하고 있었어요. 그러다 1992년, 지금의 베트남과 수교를 맺었어요.

이민을 결정한 사람들은 새로운 곳의 관습에 익숙해져야 하고, 새로운 언어를 배워야 해요. 쉬운 일은 아니지요.
부모님과 함께 외국으로 이민 간 베트남 친구들의 이야기를 한번 들어 보세요.

학교에 대해

린: 학교에 외투를 보관하는 곳이 있어서 신기해요. 베트남은 항상 따뜻해서 외투를 입을 일이 없거든요.

프엉 안: 제가 다니던 학교에서는 운동장에서 간단한 운동만 했어서 특별히 체육복을 입지 않았어요. 그런데 지금 학교에서는 체육 시간에 체육복을 갈아입어야 해서 적응이 잘 안 돼요.

찌: 제가 다니는 학교에는 조례가 없어요. 베트남에는 매주 월요일 아침마다 운동장에 모여서 국가를 불러야 해요.

끼엔: 베트남 학교는 학교 식당이 있는 경우가 드물어요. 열한 시쯤, 매우 더운 시간이 되면, 집으로 돌아가서 밥을 먹고 낮잠을 자다가 오후 한 시 삼십 분에 다시 수업을 들으러 가요. 학교에서는 오후 다섯 시까지 있고, 수업이 모두 끝나면 부모님이 데리러 와요.

찌: 학교 친구들이 선생님 말씀을 잘 안 듣는 것 같아요. 베트남에서는 어린이들이 선생님 말씀을 잘 들어요. 예의 있게 행동하지 않으면 선생님께 주의를 받거나, 학교에서 부모님을 호출해서 창피를 주거든요.

호앙: 베트남 학교에서는 모두가 예쁘고 정성스럽게 글씨를 써야 한다고 생각해요. 지금 다니는 학교에서는 선생님도, 친구들도 글씨에 그렇게 신경 쓰지 않아요. 그래서 읽기도 어렵고 필기를 베껴 쓰기도 어려워요.

도시에 대해

호앙: 거리나 작은 도시에도 횡단보도가 있어요. 베트남에는 드물어요.

린: 베트남을 떠나기 전까지는 단 한 번도 눈을 본 적이 없어요. 눈이 손 위에서 부스러지고, 사르르 녹는다는 걸 몰랐어요. 겨울은 매우 추워요. 그렇지만 전 괜찮아요.

프엉 안: 시장이 베트남보다 적어요. 이게 좀 마음에 들지 않아요. 백화점에 장난감이 많은 건 좋아요.

사람에 대해

찌: 외국인이라 친구들의 말이나 행동을 잘 이해 못 했어요. 그래도 친구들이 말을 많이 걸어 주고 다정하게 잘 다가와 줘요.

끼엔: 학교를 마치고 나면 또래 친구들이나 이웃들을 만나기 어려워요. 그래서 조금 외롭기도 해요.

린: 사는 곳의 사람들이 저와 머리색도 피부색도 달라서 신기해요.

음식에 대해

프엉 안: 음식은 모두 입맛에 맞아요. 그런데 잼이나 시럽을 뿌린 팬케이크는 좀 이상해요. 간식이 아니라 식사로 달콤한 음식을 먹는다는 게 이해가 안 돼요.

베트남어를 배워 볼까요?

vâng (벙) - 네.

không (콩) - 아니오.

xin chào (씬 짜오) - 안녕하세요.

tạm biệt (땀 비엣) - 또 봐요.

cảm ơn (깜 언) - 감사합니다.

xin lỗi (씬 로이) - 죄송합니다.

đẹp (댑) - 아름답다.

rất ngon (럴 응온) - 정말 맛있어요.

xe buýt (쌔 부잇) - 버스

xe ô-tô (쌔 오-또) - 자동차

xe đạp (쌔 답) - 자전거

xe ôm (쌔 옴) - 오토바이 택시

tàu hoả (따우 호아) - 기차

máy bay (마이 바이) - 비행기

tàu đêm (따우 뎀) - 야간 기차

ở đâu? (어 더우) - 어디에?

bao giờ? (바오 저) - 언제?

Tôi không hiểu (또이 콩 히에우) – 모르겠어요.
Có xa không? (꼬 싸 콩) – 멀리 있나요?
Có gần không? (꼬 건 콩) – 가깝나요?
Tôi là người Hàn Quốc. (또이 라 응으어이 한꾸옥)
– 저는 한국인입니다.
Tôi là người Việt Nam. (또이 라 응으어이 비엣남)
– 저는 베트남인입니다.
Tên bạn là gì? (뗀 반 라 찌) – 당신의 이름은 뭐예요?
Tên tôi là... (뗀 또이 라······.) – 제 이름은 ······입니다.
Tôi yêu Việt Nam. (또이 예우 비엣남) – 베트남을 사랑해요.
Tôi yêu Hàn Quốc. (또이 예우 한꾸옥) – 한국을 사랑해요.
Tôi đói bụng. (또이 도이 붕) – 배가 고파요.
Tôi muốn uống. (또이 무온 우엉) – 목이 말라요.
Tôi muốn đi Hà Nội. (또이 무온 디 하노이) – 하노이에 가고 싶어요.
Tôi muốn mua vé đi Hà Nội. (또이 무온 무어 배 디 하노이) – 하노이행 표를 사고 싶어요.
Xe buýt này không đi Hà Nội. (쌔 부잇 나이 콩 디 하노이) – 이 버스는 하노이로 가지 않아요.

Tôi muốn đi... (또이 무온 디……) – ~에 가고 싶어요.
Có thích không? (꼬 틱 콩) – 이거 좋아해요?
Có đi xe ôm không? (꼬 디 쌔 옴 콩) – 스쿠터 타실래요?
Có ngon không? (꼬 응언 콩) – 맛있어요?
Tôi mệt, hãy gọi bác sĩ. (또이 멧, 하이 고이 박 시)
– 몸이 좀 안 좋으니 의사를 불러 주세요.

– *Bartek ơi, bạn cho tớ mượn bút chì nhé?*
(바르텍 오이, 반 쪼 또 무언 붓 찌 니에) – 바르텍, 연필 좀 빌려줄래?

– *Ừ, bạn có cần mượn cả tẩy không?*
(으, 반 꼬 껀 무언 까 떠이 콩) – 물론이지, 지우개도 필요해?

– *Có, cho mình mượn tẩy.* (꼬, 쪼 미잉 무언 따이)
– 응, 지우개도 빌려줘.

– *Linh làm hết bài tập về nhà chưa?*
(린, 람 헷 바이 떱 베 냐 쯔어) – 린, 너 숙제 다 했어?

– *Chưa, tớ không giải được bài toán khó.*
(쯔어 떠 콩 지아이 드억 바이 또안 코)
– 아니, 수학 문제 하나를 못 풀었어, 너무 어려워.

– *Bài nào?* (바이 나오) – 어느 문제인데?

– *Bài số tám.* (바이 소 땀) – 8번 문제야.

– *Tớ cũng chưa làm được bài này vì tớ mải chơi.* (떠 꿍 쯔어 람 드억 바이 나이 비 떠 마이 쩌이)
– 노느라고 나도 그 문제 안 풀었어.

– *Hay là chúng mình thử làm bài này vào giờ giải lao?* (하이 라 쭝 미잉 트 람 나이 바오 지어 지아이 라오)
– 그럼 쉬는 시간에 이 문제를 같이 풀어 볼까?

– *Ừ, ok.* (으, 오께) – 응, 좋아.

베트남 요리를 만들어 봐요!

베트남 가정의 어린이들은 부모님이 요리하거나 청소할 때 돕는 등 집안일에 적극적으로 참여해요. 보통 여덟, 아홉 살, 간혹 열 살이 되면 처음으로 온 가족을 위해서 스스로 식사를 준비해요. 이것은 매우 중요하고 기쁜 행사예요. 어른들과 어린이들은 진지하게 식탁 앞에 앉아서 아이가 만든 음식을 먹고, 아이의 솜씨와 성숙함을 칭찬해요.

가장 인기 있는 베트남 음식 조리법을 알아봐요.

느억맘 참

스프링 롤, 고기, 해산물을 찍어 먹는 매콤한 소스

재료
액젓 네 스푼
설탕 두 스푼 반
식초나 레몬주스 두 스푼
물 반 컵
마늘 한 알
고추 한 개
당근과 콜라비 몇 조각

마늘은 빻고, 고추는 썰어요. 당근과 콜라비 조각은 소금을 친 뒤, 부드러워질 때까지 15분가량 그대로 둬요. 그다음에 잘게 썰어요. 믹싱볼에 액젓, 설탕, 식초, 레몬주스를 넣고 섞으세요. 그다음 물을 반 컵 넣어요. 마늘, 고추, 당근, 콜라비도 추가해요. 제대로 섞은 뒤 병에 부어요.

느억 막 참은 냉장고에서 며칠간 보관할 수 있어요. 만일 매운 양념을 좋아하지 않는다면, 고추는 빼도 돼요.

냄(튀긴 스프링 롤)

재료
돼지고기 간 것 300그램
(채식주의자는 썰어서 튀긴 두부나 콩고기도 가능)
당근 200그램
숙주나물이나 양배추 150그램
라이스페이퍼 한 봉지
말린 목이버섯 30그램
콩 면이나 카사바 국수 200그램
양파 한 개
사과 한 개
소금 1작은술
후추 1작은술

당근과 양파는 잘게 채썰어요. 양배추도 썰어요. 목이버섯은 뜨거운 물에 담가두었다가 잘 불면 얇은 조각으로 썰고, 버섯의 단단한 끝부분은 버려요. 국수는 5분간 따뜻한 물에 담근 뒤, 물을 빼고 가위로 약 5~7센티미터 길이로 잘라요. 모든 재료를 한데 섞고, 달걀, 소금, 후추를 친 뒤 놔둬요.

깊고 널찍한 접시에 미지근한 물을 붓고, 라이스페이퍼를 1초(더 오래 두면 퍼져요.)만 담가서 부드러워지게 해요. 쟁반에 라이스페이퍼를 펼쳐 올려요.

라이스페이퍼 장마다 내용물을 넣고, 페이퍼를 둥글게 말아요. 반쯤 말았을 때, 양 끝단을 가운데 쪽으로 접어 넣어요. 그렇게 해야 넴을 튀길 때 내용물이 바깥으로 빠져나오지 않아요.

프라이팬에 기름을 부어 달궈요. 둥글게 만 롤이 노릇노릇해질 때까지 튀기고, 기름기를 뺀 뒤에 접시에 담아요.

만일 넴을 더 바삭하게 먹고 싶다면 처음에는 살짝만 튀기고, 다시 한 번 더 튀겨요. 그러면 더 바삭바삭해져요.

퍼

재료
소고기 500그램
소뼈 2킬로그램
양파 두 개
생강 뿌리 한 개
고수 씨앗 1작은술이나 고수 한 뿌리
카다몬 씨앗 두 개
계피 3센티미터
팔각 두 조각
쌀국수 면 한 팩
양파 한 개나 쪽파
고수 한 다발
태국 바질잎 몇 장
콩나물 200그램
소금 2큰술
통후추 2작은술
액젓 한 스푼
초 마늘 두 알에서 다섯 알
고추 소스 5작은술
레몬 한 개

소뼈를 씻고, 고기는 조각내어 잘라요. 뼈와 고기에 물을 붓고 끓여요. 양파와 생강의 겉을 불에 살짝 그을린 다음 그을음을 씻어내요. 고수 씨앗, 카다몬, 계피, 팔각을 물기가 없는 프라이팬에 살짝 볶아서 면 주머니에 넣은 뒤, 고기를 삶는 물에 넣어요. 육수에 소금과 후추로 간을 해요. 고수와 바질잎은 5센티미터의 크기로 자르세요. 양파나 쪽파는 길게 채를 써세요. 고수, 바질 잎, 양파를 콩나물과 섞으세요.

쌀국수 면을 끓는 물에 넣고 3~5분 정도 익힌 다음 그릇에 담아 주세요. 냄비에서 익은 고기를 꺼내서 얇게 썰고, 쌀국수 면 위에 올리세요. 양파, 고수, 바질, 콩나물로 장식하고, 육수를 부으세요. 쌀국수는 액젓이나 고추 소스, 초 마늘로 간을 더 조절할 수 있고, 레몬주스도 뿌릴 수 있어요.

튀긴 두부 요리

재료
두부 한 모
간장 2큰술
레몬 한 개
후추(맛을 내는 용도)
쪽파나 양파

간장과 레몬즙을 섞고, 후춧가루를 뿌려요. 잘게 썬 쪽파나 양파를 추가한 뒤 그대로 둡니다.

두부는 성냥갑 크기로 잘라요. 불에 달군 프라이팬에 기름을 두르고 두부를 5~10분 정도 단단하고 노릇노릇하게 부쳐요. 그다음 반대편으로 뒤집어요. 프라이팬에서 꺼낸 두부는 그 전에 준비한 소스에 바로 넣고, 두부 조각에 쪽파가 들러붙을 정도로 섞어요. 밥과 함께 내요.

차례

들어가는 말 4
쌀 바구니 12
혼돈의 도가니 18
어떤 톤으로? 24
가족 같은 사이 30
천상의 꽃과 검정콩 34
베트남 예절 40
아, 사이공! 46
쌀의 탄생 52
밥 먹자! 56
쓸어 내지 마세요! 60
가장 밝은 등불 64
맛있는 국물 68
용의 바다 하 롱 베이 72
기둥 위의 삶 76
메콩강 따라 배를 타고 80
베트남 만두 84
영혼과의 만남 86
최고의 명절 90

세상을 담은 음식	94
과일 천국	98
베트남 삿갓	104
달에 간 꾸오이	108
대나무 춤	112
아름답게 연주하세요!	114
이불 사우나	118
사올라, 쥐사슴, 들소	120
버려진 장기판	124
사라진 동굴	128
물고기로 담근 장	132
후추가 자라는 나라	136
수상 극장	140
거북이와 칼	144
베트남의 폴란드인	148
높은 곳에서	154
정글의 땅굴	158
이방인	164
베트남어를 배워 볼까요?	170
베트남 요리를 만들어 봐요!	174

글 똔 반 안(Tôn Vân Anh)
베트남에서 태어나 가족과 함께 폴란드로 이민을 갔습니다.
바르샤바 대학에서 사회학 학사를 받았습니다.
저널리스트, 번역가, 배우로도 활동하고 있습니다.

글 모니카 우트닉-스트루가와(Monika Utnik-Strugała)
인테리어 잡지인 〈베란다〉에서 이탈리안 디자인 전문 기자로 일했습니다.
지은 책으로는 《맘마미아, 이탈리아》가 있습니다.

그림 안나 카지미에라크(Anna Kaźmierak)
미술 교육과 회화를 전공했습니다.
지금은 일러스트레이터와 그래픽 디자이너를 함께 하고 있습니다.

옮김 김영화
한국외국어대학교에서 폴란드어를 공부했습니다.
현재 폴란드에서 공부하면서 폴란드에 대한 호기심을 풀어 가는 중입니다.
옮긴 책으로는 《니하오, 중국》, 《밥에서 똥까지》, 《도시의 불이 꺼진 밤》,
《놀라운 동물 건축가의 세계》, 《옐로스톤으로 가는 길을 찾아서》 등이 있습니다.

책으로 여행하는 아이 ⑥

씬 짜오, 베트남

초판 1쇄 발행 2022년 3월 15일 | 초판 2쇄 발행 2025년 1월 27일
글쓴이 똔 반 안, 모니카 우트닉-스트루가와 | 그린이 안나 카지미에라크 | 옮긴이 김영화
펴낸이 홍석 | 이사 홍성우 | 편집부장 이정은 | 편집 조유진 | 디자인 권영은·김영주
마케팅 이송희·김민경 | 제작 홍보람 | 관리 최우리·정원경·조영행 | 펴낸곳 도서출판 풀빛
등록 1979년 3월 6일 제2021-000055호 | 제조국 대한민국 | 사용연령 5세 이상
주소 서울특별시 강서구 양천로 583 우림블루나인 A동 2층 2110호
전화 02-363-5995(영업) 02-362-8900(편집) | 팩스 02-393-3858 | 전자우편 kids@pulbit.co.kr
홈페이지 www.pulbit.co.kr | 블로그 blog.naver.com/pulbitbooks | 인스타그램 instagram.com/pulbitkids
ISBN 979-11-6172-450-8 74910 ISBN 979-11-6172-007-4 (세트)

ⓒ Copyright for the text by Tôn Vân Anh and Monika Utnik Strugała, 2020
ⓒ Copyright for the illustrations by Anna Kaźmierak, 2020
Originally published in 2020 under the title "Xin chào! Wietnam dla dociekliwych"
by Wydawnictwo Dwie Siostry, Warsaw.
Korean Translation Copyright ⓒ 2022 by PULBIT publishing co.
All rights reserved.
The Korean language edition is published by Wydawnictwo Dwie Siostry with Pulbit publishing company, Seoul.

이 책의 한국어판 저작권은 Wydawnictwo Dwie Siostry 와의 독점 계약으로 "도서출판 풀빛"에 있습니다.
저작권법에 의해 한국 내에서 보호를 받는 저작물이므로 무단전재와 무단복제를 금합니다.

*이 책에 나오는 지명과 인명은 국립국어원의 외래어 표기법을 기준으로 하였습니다.
*책값은 뒤표지에 표시되어 있습니다.
*종이에 베이거나 긁히지 않도록 조심하세요. 책 모서리가 날카로우니 던지거나 떨어뜨리지 마세요.
*파본이나 잘못된 책은 구입하신 곳에서 바꿔드립니다.